AF451334

TÚ SUPERAS TUS MIEDOS

¡¡Amado ser humano, quedamos a tu entera disposición!!!.

Si precisas información sobre nuestras mentorías privadas, consultar dudas o realizar alguna sugerencia acerca de los libros que componen la saga "YO ME AMO, ¿Y TÚ?":

TOMO 1: "YO ME AMO, ¿Y TÚ?"

TOMO 2: "TÚ YA ERES ABUNDANTE: ¡¡¡CONOCE LA VERDAD!!!

TOMO 3: "SUPÉRATE HASTA LOGRAR TUS OBJETIVOS"

TOMO 4: "TÚ SUPERAS TUS MIEDOS" (parte 1 de 2)

TOMO 5: "TÚ SUPERAS TUS MIEDOS" (parte 2 de 2)

Puedes contactarnos a través de:

email: franciscomvega@franciscomvega.com

o

teléfono o whatsapp: (+34) 658234019

o

Consultar la web www.franciscomvega.com

¡¡¡Infinitas gracias y bendiciones!!!

TE AMO,,, FRANCISCO MIGUEL VEGA CASTELLANO

TOMO 4

FRANCISCO MIGUEL VEGA CASTELLANO
Autor de "YO ME AMO, ¿Y TÚ?"

TÚ SUPERAS TUS MIEDOS

LAS CLAVES PODEROSAS PARA QUE SUPERES TUS MIEDOS
ATENCIÓN ESPECIAL A LAS VERDADES DE LA FALSA
PANDEMIA, DEMOSTRADAS POR EXPERTOS

Índice

ALABANZAS LECTORES DE "YO ME AMO, ¿Y TÚ?". TOMO 1 DE LA SAGA

"Gracias por la fuerza que trasmites, a veces duro pero necesario para ver nuestra realidad. Lectura recomendable 100%".

Eme Tóth, autora de "Volver a creer".

«La obra de Francisco es una guía muy útil para lograr mejorar el concepto que cada uno tenemos de nosotros mismos. Su instinto de supervivencia y superación nos anima a reconocer nuestros errores y escoger el camino correcto que nos llevará a amarnos y a amar a los demás, sin juzgar, sin valorar, por el simple hecho de entregar lo mejor al resto del mundo».

Carmen Martínez Sánchez,
autora de "Tu viaje hacia la LIBERTAD".

Este libro te sube la autoestima con una facilidad increíble. El entusiasmo y el amor que pone el autor en él no te dejan indiferente.

Laura Escribá, autora de "Sensaciones".

"Yo me amo, ¿y tú?", es un libro escrito con el lenguaje del alma, es puro corazón, emoción y nostalgia del pasado YA SUPERA-DO, que te trae al presente situaciones reales de tu vida. Conectas con la esencia del mensaje de forma sencilla y rápida. Francisco utiliza una palabra sensacional para ponerla de moda en el corazón de los humanos: PONE DE MODA EL AMOR.
Felicidades por tan hermoso mensaje para el mundo, gracias, gracias, gracias.
Me has tocado el alma"

Mónica Beltrán Pérez,
autora de "SER FELIZ en el trabajo de tu vida".

Me ha impactado mucho la lectura de tu libro y me siento, iden-tificada en algunos aspectos, tienes una gran historia de su-peración, te felicito por ello y te doy las gracias, por haberme permitido leer tu libro, es para mí, un honor y un placer, que lo hayas compartido conmigo.

María Dolores González Roda,
autora de "Rompiendo patrones".

Francisco aporta en su libro, además de su alma, corazón y pasada vida, todo lo necesario para elevar la autoestima del lector a límites inimaginables, con una maestría digna de un ponderador de su altura. Gracias, gracias, gracias

Cristina Villalobos Rojo,
autora de "PERDER PARA ENCONTRAR"

Francisco Miguel Vega Castellano

"Siempre he pensado que todo empieza por uno mismo, aunque hay momentos en la vida que nos hace olvidarlo. Este libro precisamente, te hace recordar tu verdadera esencia y cuál es la verdadera prioridad que debes tener en la vida.
Maravillosa obra que sin duda recomendaré a todo aquel que lo necesite."

Jhonatan Rodríguez Ferreira,
autor de el AMOR que TU DESEAS

"El amor es la fuerza más poderosa que existe, el máximo responsable de la belleza de la vida. Cuando hablamos de amor hacia los demás parece que no hay ningún tipo de problema pero la cosa se complica cuando hablamos de amarnos a nosotros mismos... En este libro, Francisco nos descubre por qué tenemos tantas resistencias a la hora de amarnos y cómo podemos empezar todo ese trabajo de amor y comprensión personal; un gran trabajo que cualquier persona debería realizar a lo largo de su vida... ¡Gracias Francisco por este magnífico regalo!"

Pilar Sanz Cervera,
autora de ¡Adultos despiertos, niñ@s felices!

"Si quieres una autoestima en continuo ascenso, Francisco te la hará florecer desde tu interior, prosperando en todas las áreas de tu vida".

Miguel Ángel García Gutiérrez,
autor de "Cambia tus pensamientos y te cambiará la vida"

Francisco Miguel Vega autor de Yo me amo, y tu? te conduce a aumentar tu autoestima a través de ejercicios y herramientas

como nunca había visto. Gracias a su libro muchas personas podrán aumentar su autoestima y vivir la vida en toda su plenitud. Auténticamente maravilloso.

Noemí Cuenca Quesada, autora de
"Alimenta tu cuerpo, nutre tu vida y consigue tu propósito"

"Felicidades francisco por tu gran obra maestra, en la que nos enseñas a mejorar nuestra relación con nosotros mismos, que como tu bien dices es la más importante de las relaciones; ya que vamos convivir con nosotros el resto de nuestras vidas."

Lorea Pastor,
autora de "Tu corazon sabe el camino"

"Francisco ofrece en este libro todo el entusiasmo y la fuerza necesaria para superar grandes retos. Es un libro lleno de optimismo y vitalidad. Gracias Francisco por tu Luz, por tu sonrisa y por tu gran corazón"

Ángeles Abella,
autora de ¿Y si TÚ fueras DIOS...?

"Me atrajo el título, porque "YO ME AMO". El carisma y amor del autor te llevara a otra dimensión teniendo un subidón de adrenalina. Conectas de una forma sencilla, animándote a superar todas las barreras para conseguir AMARTE. Es sensacional como Francisco"

Carmen Sales Ramírez,
autora de "Aliento de Vida"

«Francisco Vega invita a cumplir con esa segunda parte tan a menudo olvidada del «Amarás al prójimo... ¡COMO A TI MIS-MO!.» Te lleva a comprender que sólo desde el amor a uno mismo se puede aportar amor a los demás. ¡Gracias por estas sabias páginas!»

CARMEN CONDE CANENCIA,
autora de "La Gran Re-Evolución de los Alegres"

"YO ME AMO, ¿Y TÚ?" te hace sentir un ser valioso y merecedor de todo lo bueno de la vida, ¡¡¡te sube la autoestima por las nubes!!! El autor pone su alma en cada palabra para ofrecerte soluciones que funcionaron para él, de manera que tú también puedas superar tus propios desafíos y obtener todo lo que deseas en la vida.
Recomiendo tener este libro muy cerca de ti y consultarlo siempre que lo necesites.
¡¡¡Gracias Francisco por tu entusiasmo y sabiduría!!!

Ainhoa Rodríguez Olmo,
autora de "EL DON DE LAS MUJERES"

"Darte las felicidades por tu libro, muy bueno. Estupendas recomendaciones y ejercicios. Mil gracias".

Minerva Armas, Gran Canaria

"Maravillosa herramienta para ser la mejor versión de ti mismo. Muchísimas gracias Francisco".

Magui Rodríguez, Fuerteventura

Te amo

"Es un maravilloso libro que ha llegado a mi vida. Cuando vi por primera vez este libro me causó muy buenas sensaciones y cuando lo tuve y comencé a leerlo se me ponían los pelos de punta, me emocioné muchísimo, tanto, que no podía parar de leer. El autor escribe cada palabra con su alma, nos muestra sus experiencias y aprendizaje y nos enseña 12 herramientas maravillosas para amarnos y elevar nuestra autoestima. Queridos lectores, les recomiendo al 100% a YO ME AMO, ¿Y TÚ?. Francisco, enhorabuena, 33 millones de gracias, te amo y me amo, bendiciones".

Yolanda Mira Pérez, Alicante

"Soy una gran lectora de libros. El libro de Francisco es un libro que todo el mundo debería de tener y es un libro para no dejarlo en la estantería, es para tenerlo como un manual y tenerlo todos los días cerca de ti.Yo ya lo leí dos veces y me ha encantado. Animo a los lectores que compren el libro de Francisco Miguel Vega Castellano".

Yolanda Deltell, Alicante

"Recientemente he leído el primer tomo correspondiente a su trilogía, YO ME AMO, ¿Y TÚ?. Me pongo en contacto con usted porque me gustaría expresarle mi más profundo agradecimiento, pues gracias a su obra, tanto unos amigos míos, que también han leído el libro, como yo, hemos logrado enfrentarnos a problemas personales que teníamos y ver la vida de otro color. Le estamos profundamente agradecidos".

Laura Ojeda Henríquez, email recibido

"Francisco Miguel, un maravilloso libro. Te animo a que continúes compartiéndolo. Ayudas como quizas nunca te puedas imaginar. Gracias, gracias, gracias".

Fabiola Corvo Bermúdez, Gran Canaria

"Soy uno de los muchísimos que disfrutan ya de tu gran libro y del cual he aprendido mucho. En muchos de sus apartados me he sentido identificado".

Juan Francisco Peña, Santisteban del Puerto

"YO ME AMO, ¿Y TÚ? te abre las puertas a una transformación increíble en tu vida. Cuando uno no se ama y no se valora, no permite que las cosas maravillosas sucedan en su vida. Y cada uno de nosotros hemos venido a este mundo para vivir una vida plena y feliz. Francisco, en este fantástico libro te enseña paso a paso como lograr una autoestima extraordinaria, la que tú, yo y todos nos merecemos. ¡No esperes a que alguien te ame para ser feliz, aprende a amarte y serás feliz!.

Zoraida Eglantina Mora Toledo, en su perfil de facebook

"Un libro maravilloso. Un abrazo eterno Francisco".

Leo De León, Gran Canaria

"Enhorabuena por tu maravilloso libro".

Bárbara Casas Hormigos, Madrid

Te amo

"Gracias, gracias, infinitas gracias por escribir YO ME AMO, ¿Y TÚ?, porque va a ayudar a muchísimas almas a despertar y enriquecer sus vidas".

Carmen Jesús Pérez Rivero, Gran Canaria

"Gracias por haber tenido el valor de escribir este libro. Gracias, gracias, gracias".

Nuria González Fernández, de messenger

"Muchas gracias por este regalo que has escrito. Nos tenemos que amar".

Janeisa Giraldo, Medellín (Colombia)

"Gracias Francisco, porque el libro es fabuloso"

Sanda Olimpia Goarna, Rumanía

"Ayer te compré el libro para mi madre y siento decirte que no se lo he dejado leer. Yo soy una persona que no le gusta leer, pero ayer en la güagüa de camino a mi casa lo abrí y empecé a leerlo. Me siento demasiado identificado con algunas cosas que comenta usted en el libro, sintiéndome raro conmigo mismo, porque para no leer nunca voy por la página 65. Me encanta leer lo que escribe, porque me hace reflexionar demasiado. Muchas gracias por escribir el libro y siga así".

Miguel Fernández, Gran Canaria

Te amo

"Herramienta magnífica con ejercicios muy fáciles que te ayudarán a subir la autoestima, que es de gran ayuda para conseguir todo lo que nos propongamos en la vida. A mi me ha ayudado mucho, estoy muy agradecida y seguro que a ti también te va a ayudar mucho. Gracias, gracias, gracias".

María Ángela Lorenzo Montenegro, Gran Canaria

"Gracias por escribir el libro y para mi. Aprendí muchas cosas y ahora me prometo que me voy a amar más. Gracias, gracias, gracias".

Simona Alina Bîrzu, Rumanía

"Cuando me decidí a comprar el libro fue porque me atrajo el título, YO ME AMO, ¿Y TÚ?. Y la verdad que me felicito por la decisión. El carisma y el amor del autor te llevará a otra dimensión. Te hará sentir un ser valioso y merecedor de todo lo lindo que la vida nos ofrece. Te sube la adrenalina a mil y la autoestima al mismo cielo. El autor es maravilloso y nos da valiosas herramientas para superar desafíos y poder seguir avanzando para obtener todo lo que deseamos. ¡¡¡Miles de gracias Francisco por escribir este hermoso libro y por compartirnos tus vivencias y superación personal!!!.
Simplemente es MARAVILLOSO. Un beso y un abrazo desde Miami, y que sigas cosechando éxitos en tu vida".

Lizbert Fernández, Miami (EEUU)

"Me encanta tu libro Francisco".

Nayra Afonso Segovia, La Laguna (Tenerife)

Te amo

"Me ha enseñado mucho a encontrarme conmigo mismo y recomiendo que se lea, porque leer es aprender y está muy bien redactado. A mi me ha ayudado muchísimo".

José Manuel, Tegueste (Tenerife)

"Es un libro muy ameno, buenísimo y lo recomiendo a otras personas. Por ello he adquirido otro ejemplar para una buena amiga que lo está pasando muy mal. Ánimo".

Eunice Esther García Manchón, Gran Canaria

"Me llegó por causalidad. Aseguro que muchas de las claves que ofrece el libro me han ayudado mucho. Si tiene la oportunidad no se lo piense".

Alicia Díaz, Gran Canaria

"Se lo recomiendo a todo el mundo. Estoy muy contenta. Muy buenos ejercicios. Vale la pena el esfuerzo".

Melissa, Argentina (reside Gran Canaria)

"Me inspiró la historia de superación personal de Francisco y por ello lo compré. Luego me pareció fenomenal y lo recomiendo a todo el mundo. Es un muy buen libro".

Pino, Gran Canaria

Te amo

"Un libro mágico como su autor, Francisco Miguel Vega Castellano, que todo ser humano puede regalarse para leerlo y releerlo en todas las etapas de sus vidas y así nunca olvidar que todos somos héroes cuando dejamos brillar al alma".

Mariola, en Amazon

"Te abre las puertas a una transformación increíble en tu vida. Cuando uno no se ama y no se valora, no permite que las cosas maravillosas sucedan en su vida. Y cada uno de nosotros hemos venido a este mundo para vivir una vida plena y feliz. Francisco, en este fantástico libro te enseña paso a paso como lograr una autoestima extraordinaria, la que tú, yo y todos nos merecemos. ¡No esperes a que alguien te ame para ser feliz, aprende a amarte y serás feliz!.

Kasia Zrodlowska, autora de "Eres grande"

"Un libro fantástico escrito desde lo más profundo del corazón. Totalmente recomendable para aquellas personas que tengan la inquietud y necesidad de experimentar un cambio profundo y conocimiento de si mismo. Felicidades Francisco por este maravilloso regalo para el alma.

Alejandro Sánchez, Gran Canaria

"Muy recomendable. Escrito con la intención de ayudar al que lo lee a mejorar el amor así mismo. Me encantó. Gracias al autor por explicar todo de forma sencilla y amena".

Helen, en Amazon

Te amo

AGRADECIMIENTOS

Ante todo AGRADEZCO INFINITAMENTE AL CREADOR (Dios, Padre, Universo, Mente infinita, Energía Suprema, etc., <u>en adelante le denominaré el Creador</u>), la etiqueta es lo de menos, lo importante es el sentimiento, **por el infinito gesto de amor de CREARME, regalarme el infinito valor de la vida y además, ser bendecido con tres amados hijos,** fuente de gran inspiración.

Así mismo agradezco infinitamente al Creador, **todas las dificultades que colocó en mi camino** para que creciera personalmente superándolas, **reconociera mi propósito de vida y de esa manera, ayudar a muchísimos seres humanos a elevar niveles en su vida, logrando mi entera realización personal.**

AGRADEZCO también A MIS PADRES, **Miguel (q.e.p.d.) y Edelmira (q.e.p.d.), el haberme concebido, lo que determinó el haber llegado hasta aquí. Les debo todo.**

¡¡¡Amo al Creador, a mis padres y a mis hijos, Xiomara, Joel y David!!!

De una manera especial a **Laín García Calvo**, último y determinante eslabón de una larga cadena de superación personal y <u>artífice fundamental de que haya reconducido mi vida y escrito varios libros</u>.

Y a todas aquellas personas y circunstancias que me ayudaron en el transcurrir de mi vida, sirviendo de formidables maestros, enseñándome lo que debía aprender hasta llegar a mi realización personal.

¡¡¡TE AMO,,, FRANCISCO MIGUEL VEGA CASTELLANO!!!

OBJETIVO DE ESTE LIBRO

¡¡¡Amado ser humano!!!

Sé bienvenido a este manual de "TÚ SUPERAS TUS MIEDOS".

Si este libro llegó a tus manos no fue por casualidad. No existe la casualidad en el mundo cuántico donde vivimos. Por lo tanto, estás buscando la forma de superar miedos en tu vida.

Enhorabuena, **porque estás en el lugar adecuado**. <u>Con tu imprescindible e involucrada colaboración</u>, te voy a **inspirar e impulsar** a que superes esos miedos que te acechan.

"TÚ SUPERAS TUS MIEDOS" va a colaborar decisivamente contigo, a través de una lectura sencilla, fácil, descriptiva, amena e inspiradora.

Evidentemente, <u>**tu vida ya no será igual después de superar tus miedos.**</u>

¡¡¡Es **una gran y ACERTADA DECISIÓN** la que tomaste al elegir este manual como guía para superar tus miedos. Te felicito infinitamente por ello, porque además, sin duda, te lo MERECES!!!**.

Nos seguimos viendo pues, en las motivantes páginas interiores de...

"TÚ SUPERAS TUS MIEDOS"

¡¡¡TE AMO,,, FRANCISCO MIGUEL VEGA CASTELLANO!!!

¡¡¡Ayúdame a que este manual pueda ayudar al mayor número de personas posible. Envíame, por favor, una foto donde aparezcas con el libro y/o con tu testimonio tras leerlo, que compartiré en todas mis redes sociales y web!!!.

Puedes enviármela al email: franciscomvega@franciscomvega.com; o bien al número whatsapp: +34658234019.

Así mismo, puedes seguirme en:

Youtube: Francisco Miguel Vega Castellano
Facebook: Francisco Miguel Vega Castellano (perfil y página)
Instagram: franciscomvegacastellano
Web: franciscomvega.com

También en citada página web puedes adquirir ejemplares de ésta saga o contratar **mentorías privadas**:

TOMO 1: "YO ME AMO, ¿Y TÚ?"

**TOMO 2: "TÚ YA ERES ABUNDANTE:
¡¡¡CONOCE LA VERDAD!!!**

TOMO 3: "SUPÉRATE HASTA LOGRAR TUS OBJETIVOS"

TOMO 4: "TÚ SUPERAS TUS MIEDOS" (parte 1 de 2)

TOMO 5: "TÚ SUPERAS TUS MIEDOS" (parte 2 de 2)

¡¡¡TE AMO,,, FRANCISCO MIGUEL VEGA CASTELLANO!!!

Te amo

¿POR QUÉ ESCRIBÍ ESTA OBRA?

¡¡¡Amado ser humano!!!
Como comento en todos mis libros antes de comenzar, necesito aclararte algo muy importante. Éste no es un libro cualquiera. **No persigo solo vender. ¡¡¡Es mucho más!!!.**

Me he entregado totalmente en el intento de plasmar con cada palabra todo lo que entiendo debes aplicar, para que logres SUPERAR TUS MIEDOS, objetivo de éste libro.

Éste libro es diferente y te va a inspirar e impulsar tremendamente a que te dirijas ineludiblemente hacia tus objetivos hasta que logres obtenerlos.

Por ello, es muy importante su repaso constante, además de que refuerzas información y que tu nivel de consciencia o experiencia de vida será otro en el momento de la nueva lectura, recibiendo un nuevo aprendizaje.

"TÚ SUPERAS TUS MIEDOS" es el cuarto tomo de ésta saga "YO ME AMO, ¿Y TÚ?", que comenzó con "YO ME AMO, ¿Y TÚ?", el libro que le da el nombre a ésta saga; continuó con "TÚ YA ERES ABUNDANTE: ¡¡¡CONOCE LA VERDAD!!!; y que dio paso al penúltimo libro de ésta saga, "SUPÉRATE HASTA LOGRAR TUS OBJETIVOS".

> # ¡¡¡ESTE LIBRO LO ESCRIBÍ PARA TI,
>
> # PORQUE TÚ ERES MI PROPÓSITO DE VIDA,
>
> # TE AMO!!!

Quizás leíste a "YO ME AMO, ¿Y TÚ?", primer tomo de esta saga. En ese caso, infinitas felicidades porque a buen seguro te ayudó considerablemente en tu camino.

Siempre aconsejo su relectura, porque la autoestima en el ser humano es vital y por ello es conveniente reforzarla constantemente. Lamentablemente hay un subconsciente colectivo o corriente nada favorable en el entorno que nos arrastra hacia otros derroteros.

Pero **si no lo leíste te recomiendo lo hagas, al igual que el resto de libros de la saga. Además de darte mucha fuerza interior, entenderás e integrarás mucho mejor la información que se recoge en éste libro.**

"YO ME AMO, ¿Y TÚ?", no tiene como objetivo entretener o amenizar con teoría. Es un libro que **busca transformar**, con 12 potentes técnicas, ejercicios o herramientas, para que el ser humano supere la baja autoestima o refuerze la que tiene hasta elevarla a cotas insospechadas.

Termina en un apéndice que contiene más de 1.000 frases célebres para que leas todos los días unas poquitas, eleves el estado de ánimo, te motives, te empoderes y realizes las herramientas propuestas.

Mete el dedo en la llaga y de hecho ya ESTÁ TRANSFORMANDO LA VIDA DE MILES DE PERSONAS. **Me llena de gran satisfacción personal los muchos mensajes que recibo cada día de personas que les ha ayudado.**

Y es un honor que contenga **el prólogo y la recomendación de Laín**, bestseller y líder en crecimiento personal, espiritual y económico en países de habla hispana.

Amado ser humano, tanto si la has leído como si no en alguno de los libros de la saga, para mi no es ninguna molestia incorporar de nuevo mi dura historia personal de superación, <u>todo lo contrario</u>.

Es debido a su gran IMPORTANCIA, por la INSPIRACIÓN que te va a transmitir, y más en el tema que nos concierne, con muchas situaciones de MIEDOS que SUPERÉ, y que serás consciente al leerla.

¡¡¡Porque si yo pude TÚ TAMBIÉN PUEDES!!!

Vamos pues con **la inspiradora y dura historia personal que SUPERÉ.**

Te amo

HISTORIA PERSONAL DE SUPERACIÓN

Mi dura historia personal de superación podría ser utilizada perfectamente para un brillante guión en Hollywood.

Como si de una señal se tratara, por aquello del "sagrado número 7", resulta que quedan claramente diferenciadas 7 partes y que llamé "los 7 maestros de mi vida", porque fueron los que me marcaron.

Los enumeré según el orden en el tiempo que fueron manifestándose en mi vida y haciendo mención al título que mejor los describe.

PRIMER MAESTRO: INFANCIA INFELIZ Y DE 1ª PROGRAMACIÓN.

Nací un 04 de Julio, fecha histórica no solo por ser la de mi llegada a éste mundo, sino porque también se conmemora la independencia de los Estados Unidos, aunque de diferente año.

El mío es 1.967 y el lugar, Santa María de Guía, municipio al noroeste de la isla de Gran Canaria (Canarias, España).

Recuerdo que **viví una infancia llena de episodios traumáticos.** Soy el mayor de tres hermanos y recuerdo que <u>predominaban la tensión y el nerviosismo.</u>

Mis padres no se llevaban nada bien, todo lo contrario. Eran constantes los insultos y otros malos tratos, sin llegar a la agresión, que sobretodo mi padre (q.e.p.d.) profería a mi madre (q.e.p.d.).

Sufrí mucho con ello, amado ser humano. Ella se ocupaba de sus labores, era una gran ama de casa, a parte de **gran madre**. Agüantaba el chaparrón como podía para proteger a sus tres hijos. **Nos cuidó muy bien**.

Me confesó que todo lo hizo por nosotros, sus hijos y que a veces le asaltaban pensamientos de "irse de éste mundo y que varias veces durmió con un cuchillo debajo de la almohada por temor a mi padre".

Pero no se planteaba la separación, porque la única fuente de ingresos de la unidad familiar era mi padre, aunque la economía familiar fuese precaria.

Mi padre tenía buena cabeza para los negocios pero despilfarraba el dinero en vicios y los agobios económicos aumentaba considerablemente el mal clima en casa.

¡¡¡El sistema de creencias de mis padres fue aprendido y no le permitían plantearse otras metas. Fueron víctimas de víctimas!!!

Amado ser humano, como explicaré en el capítulo correspondiente (en referencia al primer tomo, "YO ME AMO, ¿Y TÚ?"):

> ### ¡¡¡NO ESTAMOS DESTINADOS,,, FUIMOS PROGRAMADOS!!!
>
> Laín García Calvo

Mi madre, a la que le debo todo, fue víctima de otras víctimas. **Su baja autoestima también fue aprendida o programada**. Ese clima total formado hizo que recibiera mensajes negativos, así como varias palizas de ella. Pero era su creencia de cómo entendía debía ser educado.

Emociones negativas como la culpa, rabia, cólera, ira, rencor, resentimiento, inseguridad, temor, nerviosismo, etc., **se apoderaron de mi**. Me costó mucho, pero poco a poco fui eliminando esas formas de baja autoestima.

¿Me hago explicar, amado ser humano, por qué puedo reconocerte y ayudarte?.

SEGUNDO MAESTRO: ETAPAS ADOLESCENCIA, JUVENIL Y DE PROGRAMACIÓN RELIGIOSA.

Mi madre me obligaba asistir al culto religioso o misa cada fin de semana, enviando incluso a mi padre a que vigilara que yo cumplía. También realicé los sacramentos cristianos de primera comunión y confirmación obligados por ella.

Con toda su buena fe, porque toda madre quiere lo mejor para su hijo, **me programó con la religión católica y lo que ello conllevaba**. Tardé muchos años en cuestionarme ese tema religioso que hacía mella en mi y finalmente tomé consciencia.

La iglesia sustenta su poderío gracias a la religión, como un conjunto de dogmas y normas que basándose en el miedo, el castigo y relacionándola con Jesús.

Tiene como finalidad limitar y manipular las mentes, donde todo comienza, de los seres humanos y así mantenerlos anclados al sistema, sin forma posible de superación o crecimiento personal.

Solo hay que reconocer a los Cristos crucificados que nos expone la iglesia, sabedora del impacto emocional que tiene procedente del importante sentido visual.

El Maestro Jesús no perteneció a ninguna religión y menos aún fundó iglesia alguna. En todo caso, la religión que fomentaba era la del "amor".

Desde siempre **existió y existirá una unión con el Creador, a través de nuestra Alma y al igual que existe una unión entre todas las Almas, porque ¡¡¡todos somos uno!!!.**

Esa es la verdadera conexión. Por lo tanto, no es necesaria buscarla a través de ninguna religión.

¿Y sabes, amado ser humano, de qué estaba convencido durante una buena etapa de mi vida?.

Que debía ser pobre, por lo tanto el progreso no lo sentía, que el Creador tampoco me quería, que era alguien deseoso de castigarme , que yo era algo separado de Él y que a la vida se venía a sufrir. Todo ello me hacía sentir muy triste.

Y evidentemente, todo ello partía del sistema de creencias o programación religioso impuesto. Sumido en mi trance hipnótico no era consciente, ni a dónde me llevaba. No estaba durmiendo. ¡¡¡Estaba roncando!!!.

> **¡¡¡HEMOS SIDO CREADOS A LA IMAGEN Y SEMEJANZA DEL CREADOR Y POR ELLO NOS AMA, NOS ILUMINA LOS CAMINOS Y SIEMPRE ESTÁ DESEANDO CONCEDERNOS FAVORES!!!**

El aspecto religioso se esconde debajo de una baja autoestima y fue otro desafío o maestro que gracias al dolor que me causó, pude también superar y por ello lo agradezco tremendamente.

De hecho, los padres de mi madre, mis abuelos maternos, así como dos tías, hermanas de mi madre, murieron de cáncer o a la larga como consecuencia de haberlos padecido.

Enfermedad maligna que como **el 99 por ciento de las enfermedades se originan en la mente y específicamente aquí, en la baja autoestima.**

Y todo eso lo vivía yo en carne y huesos. Lo veía, escuchaba y sentía.

Mi madre, afortunadamente superó un cáncer de mamas y en el momento en que escribo éstas páginas se debate en un estado terminal de Alzheimer, prima hermana de la otra enfermedad maligna antes citada, cáncer, y también derivada de la **baja autoestima.**

Jamás tuve una acaricia por parte de mi progenitor, dudo de si algún beso y mucho menos un "te quiero", pero sí muchos "no sirves". Ni tan siquiera existía un mínimo diálogo y los saludos eran los necesarios. **Llegué a temerle a mi padre.**

Recuerdo que muchas veces me encantaba refugiarme en la casa de mis abuelos maternos, que me dispensaban el calor que faltaba en casa. Mi madre hacía las veces de padre, aunque limitada por la situación.

Por supuesto, nunca celebramos un cumpleaños de miembros de la familia, ni tan siquiera una salida a comer fuera y mucho menos un viaje.

Eso sí, nunca me faltó un plato de comida, una casa decente donde vivir, ropa que vestir y zapatos que calzar, libros y material para estudiar. Lo necesario y punto.

Tampoco el ambiente que me rodeaba, resto de familia, amigos, profesores, compañeros de estudios y resto de sociedad invitaban a contrarrestar lo que ya se había fragüado decisivamente años atrás en mi, lo que pensaba acerca de mi mismo.

¡¡¡Ya era tarde...!!!
¡¡¡HABÍA SIDO PROGRAMADO EN LA BAJA AUTOESTIMA!!!

<u>Amado ser humano, si mis palabras te resuenan en parte significa que más o menos pasaste por mis experiencias y estamos en camino de subsanarlo más adelante, en los capítulos pertinentes (contenidos en el primer tomo, YO ME AMO, ¿Y TÚ?). No quiero caer pesado, ni mucho menos.</u>

Pero es muy importante te involucres en el proceso y seas consciente de que situaciones similares a las mías pueden ir aflorando en ti y de cara a que vayas reconociéndolas para más adelante sanarlas en los ejercicios correspondientes.

Hablando de estudios, comencé estudiando EGB (Educación General Básica) y que por aquel entonces se denominaba al plan de estudios vigente de la enseñanza obligatoria pública para niños hasta unos 12-13 años y que finalizaba en el 8º grado o curso.

En esa etapa fui muy buen estudiante y con muy buen expediente. También recuerdo como me llamaban el "payaso" de la clase , porque gozaba alegrando al resto con mis intervenciones. Era un preludio del presente.

Mientras cursaba el 7º curso, los profesores mostraban orgullosos los resultados de mis buenos exámenes, además de la cali-

grafía y ortografía exhibidas, a otros alumnos del curso superior, para motivar a aquéllos.

<u>Ahora soy consciente de que ello también fue una premonición de una de mis ocupaciones presentes dentro del terreno del crecimiento personal, como es escribir libros.</u>

Posteriormente terminé Bachiller, a continuación el extinto COU (curso de orientación universitaria) y F.P. 2º grado en la rama de contabilidad.

TERCER MAESTRO: ÁRBITRO DE FÚTBOL, PADRE Y DIVORCIO.

Con 17 añitos me convertí en algo que me marcó para siempre: árbitro de fútbol. Me apasionaba el fútbol. <u>Desarrollé oficialmente el arbitraje durante 24 temporadas (dos en excedencia)</u>.

Comencé mi andadura como árbitro, recorriendo las categorías del fútbol regional y luego ya como árbitro asistente milité varias temporadas en Tercera División Nacional, cuatro en Segunda División "B" y dos en la 2ª División A.

La exigencia de esta última categoría subió mis estándares, haciéndome más fuerte mentalmente. <u>Seguía creciendo</u>.

En esa etapa de mi vida, **el Creador me dotó de herramientas poderosas que más adelante debía utilizar para llevar al mundo este mensaje de luz.**

El no escuchar voces ajenas, a adquirir personalidad, honestidad, ser imparcial, valiente, gestionar miedos y centrarme en el momento presente.

Además espíritu de sacrificio, disciplina, vincular mi vida al deporte del que se deriva la energía positiva, salud, vitalidad, establecer muchas relaciones y conocer otras culturas, al viajar por buena parte de la geografía española.

Piensa, amado ser humano, que como árbitro de fútbol, todos te van a intentar influenciar para que tomes decisiones que favorezcan a los intereses de sus equipos respectivos: público, jugadores de campo, banquillos, medios informativos, etc. **Me sentía solo.**

Casi sin saberlo fui impulsado a buscar una salida a mi baja autoestima con la que fui programado, por lo que **alrededor de los 18 años comencé a leer metafísica y otros libros de superación y crecimiento personal** (aunque desde años atrás acudía a leer la prensa a una tienda cercana).

Mi gusto por la lectura y en especial del crecimiento personal fue vital en mi vida y en la tuya, amado ser humano. Fue el inicio de todo.

¡¡¡TODO EMPIEZA Y ACABA EN LA MENTE!!!

Lo veremos más detenidamente en el capítulo correspondiente...
(en referencia al primer tomo, YO ME AMO, ¿Y TÚ?).

Finalicé el extinto servicio militar obligatorio a la edad de 21 años. Comencé a trabajar por cuenta ajena hasta el 2001 y mi andadura profesional por varias empresas estuvo siempre ligada a la administración y contabilidad.

El paso por todas ellas fue efímero, excepto la última, con experiencias dolorosas debidas a mi programación de entonces,

pero que me hacían crecer y me ayudaban en mi destino, pero que en su momento no fui consciente.

Por su importancia, debido a mi juventud, comentar que ya avanzada la segunda década de mi vida, abandoné momentáneamente el nido en mi isla natal, Gran Canaria, para trabajar en otra isla y por un espacio de séis meses.

Contraje matrimonio el 19/12/1.992. Fue un paso importante. Continuaba en la línea de la reprogramación. <u>Un salto al vacío,</u> **porque me iba del nido sin tener una relación laboral estable,** <u>un molde social.</u>

Los beneficios de los conocimientos adquiridos del crecimiento personal hacían su aparición.

¡¡¡Pero confiaba mucho en mi!!!

Y aunque <u>mi ex-suegro q.e.p.d.</u> (¡¡¡**Tato, bendito seas!!!**), **al que le debo muchísimo**, nos ofrecía una casa independiente a la suya, en un principio preferimos vivir nuestra experiencia de forma aislada.

Más tarde, nos inclinamos por la que nos había ofrecido y que nos regaló. Allí viví junto a mi familia unos 6 años. También merece ser resaltada su esposa Carmita,,,

¡¡¡gracias, gracias, gracias por tanto!!!

<u>La mujer con la que contraje matrimonio</u>, **Carmen Isabel, me regaló tres infinitas alegrías en mi vida. No podían ser otras que los tres hijos con los que fui bendecido** . Les di las bienvenidas a este plano físico, no sin antes cortarles sus respectivos cordones umbilicales:

Xiomara (14/01/1994), Joel (24/04/1996) y David Jesús (22/06/2001)

<u>¡¡¡Gracias Gracias Gracias Carmen Isabel, por tantas bendiciones!!!</u>

Debido a que me afectó muchísimo el abandono emocional que sufrí de mis padres, <u>antes de ser padre, comencé a leer libros de educación para hijos.</u>

<u>Además, era muy autoconsciente de mis actos con ellos, sabiendo su repercusión.</u> Las veces que podía <u>les decía "lo importante que eran, que eran seres maravillosos, que los amaba, etc. etc.". Medía al milímetro mis palabras y actos con ellos.</u>

<u>Los abrazaba, acariciaba, les daba besos, jugaba con ellos, les reforzaba positiva y constantemente,</u> les llevaba de paseo, celebrábamos sus cumpleaños, nos íbamos de viaje, etc.

<u>Mi padre fallecía en 1.996</u>, unos meses después del nacimiento de mi hijo Joel y víctima de enfermedades, producto de una vida desordenada, iniciada, como todo, en la mente. <u>Su baja autoestima, fundamentalmente, aceleró ese desenlace con tan solo 58 años.</u>

<u>En tal relación matrimonial repetí patrones de conducta aprendidos de la relación entre mis padres. Nos divorciamos</u> en Abril 2.007. Por el bien de mis hijos siempre, aún pequeños, acordamos que la custodia la tuviese su madre, mientras que yo compartiría con ellos cada dos fines de semana.

¡¡¡Amado ser humano, fue durísimo la separación de mis hijos. Sufrí y lloré muchísimo. Me separaba físicamente de lo que más amo en el mundo!!!

"Un campesino, que luchaba con muchas dificultades, poseía algunos caballos para que lo ayudaran en los trabajos de su pequeña hacienda. Un día, su capataz le trajo la noticia de que uno de los caballos había caído en un viejo pozo abandonado. El pozo era muy profundo y sería extremadamente difícil sacar el caballo de allí.

El campesino fue rápidamente hasta el lugar del accidente y evaluó la situación, asegurándose que el animal no se había lastimado. Pero, por la dificultad y el alto precio para sacarlo del fondo del pozo, creyó que no valía la pena invertir en la operación del rescate.

Tomó entonces una difícil decisión. Determinó que el capataz sacrificase al animal tirando tierra en el pozo hasta enterrarlo, allí mismo. Y así se hizo.

Los empleados, comandados por el capataz, comenzaron a lanzar tierra dentro del pozo de tal forma que cubrieran al caballo. Pero a medida que la tierra caía sobre el animal, éste se la sacudía, acumulándose en el fondo y lo que posibilitaba al caballo su subida.

Los hombres se dieron cuenta que el caballo no se dejaba enterrar, sino al contrario, estaba subiendo hasta que finalmente consiguió salir"

Ésta leyenda nos enseña que <u>si estamos "allá abajo", sintiéndonos poco valorados, y los otros nos lanzan la tierra de la incomprensión, de la falta de oportunidad y de apoyo, etc., hemos de recordar el caballo de ésta historia.</u>

No aceptemos la tierra que nos tiraron, nos la sacudimos y aprovechamos para subir sobre ella. Y cuanto más nos tiren, más iremos subiendo, subiendo y subiendo.

Si nos hemos caído, lo más importante es levantarnos; siempre valemos lo mismo para el Creador y nada, ni nadie, nos puede quitar ese valor.

Ésta historia y otras, así como la lectura y varias herramientas de autoayuda y superación, que en su apartado te mostraré (en referencia a las recogidas en el primer tomo, YO ME AMO, ¿Y TÚ?), me ayudaron muchísimo.

CUARTO MAESTRO: DE EMPRESARIO A VENDER BOLETOS EN LA CALLE.

La relación laboral con la última empresa para la que trabajé fue de casi 7 años ininterrumpidos, tras los cuales y **a pesar de que, obviamente, me vinculaba un contrato indefinido, solicité baja voluntaria para emprender por cuenta propia.**

Hasta el momento me encontraba en una "cómoda incomodidad".

Ya algo diferente se movía dentro de mi. Seguía, aunque lentamente, reprogramándome.

Me iba hacia la zona de inseguridad, de inconfort, no sin antes haberme formado en varios cursos, continuar con las lecturas, todo ello de crecimiento interior y haber recibido multitud de clases de yoga, meditación y relajación.

Amado ser humano, voy a hacer un poco de hincapié en **el yoga**, porque **fue una disciplina que también me ayudó muchísimo en mi transformación personal,** a mirar hacia mi interior, a co-

nectar conmigo mismo y con la paz, el mayor sentimiento que puede sentir un ser humano.

Dado su gran beneficio, sobre todo la meditación, luego ahondaré en el capítulo de rutina diaria (en referencia a la herramienta recogida en el primer tomo, YO ME AMO, ¿Y TÚ?; aquí se comparten las específicas para superar miedos).

Yoga significa unión cuerpo-mente, y es una de las disciplinas más antigüas que se conocen, data de hace unos 5000 años y procede de India.

Tal es su importancia que varios autores destacan escritos en India y Tíbet que apoyan la creencia de que el Maestro Jesús practicó yoga durante su permanencia en India.

Tanto **el yoga, como la respiración, meditación y relajación son despertadores mentales.**

Recuerdo que con motivo de una visita de monjes tibetanos al Centro donde practicaba ese arte, uno de ellos me comentó que en una vida pasada yo había sido una mujer india, lo cual explica mi amor por el crecimiento personal.

Con ese trabajo interior, indudablemente algo nuevo se había forjado en mi. Mi consciencia se expandía.

Comprendí que si no me ponía incómodo no iba a progresar. Deseaba atraer abundancia a todas las áreas de mi vida y la única forma era independizarme laboralmente. Una de dos: o yo luchaba por mis sueños o alguien me iba a pagar para que trabajara por los de él.

Así, **en Junio 2001 quemé todos mis barcos para que no existiera posibilidad de regreso, como hasta el momento así ha sucedido.**

Emprendí varios negocios a través de Sociedades que fundé. La primera de ellas dentro del sector de la construcción e inmobiliaria, en auge en aquel momento. No tenía ni idea donde me metía, pero sí,,,

¡¡¡ muchas ganas de triunfar!!!

Recuerdo que firmé la escritura de constitución ante notario delante de la madre de mis hijos embarazada de mi tercer hijo, David, y en presencia de los otros dos, Xiomara y Joel.

En un principio todo fue muy bien. La sociedad que representaba promovió, construyó y vendió 5 edificios, de entre 8 y 12 viviendas (uno de los cuales denominé con el nombre de mi madre y el otro con el de mi padre, que había fallecido).

También construyó un chalet a un tercero, realizó algunas reformas y vendió como intermediaria varias propiedades que gestionaba. Todo ello en unos 6 años.

Tenía todo, pero a la vez me sentía sin nada, o sea, vacío. Estaba dormido amado ser humano. ¡¡¡O mejor, lo siguiente!!!.

Pero **ahí está siempre el Creador con su llamado, para despertarnos,** como siempre a través de **Don Dolor** y como he comentado páginas atrás. **Fue en el 2.007, al hacerse patente la crisis económica.**

Como consecuencia de ella y al no poder vender lo que construyó y gestionaba de inmobiliaria, **su liquidez se asfixió**, no pudiendo hacer frente a hipotecas y varias entidades financieras ejecutaron dos pisos que vendía.

Más adelante lo intenté de nuevo a través de otra sociedad que fundé con capital no dinerario. Ésta vez, regentando en alquiler un restaurante en el sur de la isla.

En medio, **una entidad financiera ejecutaba mi casa y donde la madre de mis hijos vivía con ellos** al no poder hacer frente a la hipoteca. El negocio no era nada boyante y antes de los dos años de su apertura me las ingenié para traspasarlo en alquiler a través de una figura denominada "cesión del fondo de comercio".

¡¡¡Parecía que veía algo de luz al final del túnel, pero solo fue un espejismo!!!

Y es que <u>otro hecho escalofriante acaeció</u> **el 11 de Julio de 2.010.** Fecha bien recordada para los amantes españoles del balompié. <u>Se disputaba en Sudáfrica la final del mundial de fútbol y que enfrentaban a las selecciones de España y Holanda.</u>

Tenía ahorrados 14 mil y pico euros y se me ocurrió una "brillante" idea. <u>Realicé una apuesta en una de las casas que operaban en el mercado nacional, consistente en que España ganaba mencionado evento y por un importe de 13 mil euros.</u>

Estaba seguro. Y ganó. Pero en la prórroga. Me equivoqué, porque había apostado que España ganaba dentro de los 90 minutos de juego. No me apercibí de la especificidad de la apuesta y **perdí esos 13 mil benditos euros apostados.**

Enseñanza: hay que controlar las emociones y ser autoconsciente con los actos y mucho más cuando por medio está un bien vital como es el dinero y la envergadura del acto.

¡¡¡Unos días groggy y a la carga de nuevo!!!

A continuación estuve vinculado como comercial a varias empresas, generando ingresos como comisionista, aunque por corto tiempo en cada una de ellas.

Eso me obligó a no ver a mis hijos ni tan siquiera los fines de semana.

Durante los veranos ideé desarrollar campus de fútbol para niños y niñas. Llevé a cabo 5 y el 6º (el de la "bendición", que ya luego detallo), aunque salió, no lo comencé.

Jugadores prestigiosos que invitaba como los internacionales Juan Carlos Valerón y Manuel Pablo, así como Jonathan Viera, Momo, Aythami Artiles y Nauzet Alemán, entre otros, hicieron las delicias de los chavales.

<u>Como no disponía de medios para pagar alquiler</u> **no me quedó otro remedio que vivir en pisos compartidos con otras personas, más económicos.** La única intimidad era mi dormitorio. El resto de dependencias eran zonas comunes.

Prefería "sufrir" con algo "inseguro" como por ejemplo ganar dinero de comisiones por ventas, que trabajar por cuenta ajena supeditado a un horario, jefe y con un sueldo bajo y constante, entre otros.

Eso lo sentía como una marcha atrás y pobre. Deseaba **sentirme libre.**

> # LA LIBERTAD ES EL DON MÁS PRECIADO DEL SER HUMANO, PERO TODO EN LA VIDA TIENE SU PRECIO

Así que comencé y **me dediqué por un periodo de más de 6 años a la venta de boletos como medio de recaudación de dinero para una ONG,** donde entraba en juego un sorteo y donde percibía una comisión por venta de boletos.

¡¡¡Había pasado de gestionar más de un millón de euros a unos 12 mil anuales!!!

¡¡¡Amado ser humano!!!

¿has experimentado alguna vez, la venta a comisión en la calle de boletos o también llamados vulgarmente "números"?;

¿lo que se "sufre" con las contestaciones a través de palabras malsonantes o gestos de personas a las que se los ofreces y otros que te evitan de muchas formas, incluso llegando a ignorarte?;

¿o peor aún: que te desprecien, se burlen de ti, te humillen, ridiculizen o se rían en tu cara dándote céntimos?;

¿que tengas que "competir" con el que canta, toca el alcordeón, la guitarra u otros instrumentos musicales y que además se metan contigo?;

¿ofrecerlos a parejas que veías disfrutar de una comida o en días festivos?;

¿teniendo que recorrer un mínimo de cuatro kilómetros y estar constantemente de pie diarios?;

¿que transcurran las horas y no hayas logrado vender y te desesperes?;

¿muchos días vendiendo hasta las 12 de la noche para poder llegar a tu objetivo de venta diaria?;

Y ¿dedicado durante un periodo de tiempo de semanas, meses, incluso años?...

Pues, <u>prácticamente a diario desempeñé esa labor</u>. **Para mi no existían los días festivos, todos los días eran laborales**. Aunque podía caer enfermo, no debía, porque **si no salía a vender no generaba dinero**. Pero **la fuerza del amor por mi y mis hijos me impedían rendirme.**

Necesitaba generar esos ingresos para cubrir por lo menos mis gastos elementales y los de ellos. Siempre cumplí, aunque alguna que otra vez me retrasaba en pagos. <u>Y es por eso, por lo que escribí las palabras "sufrir" y "sufre" entre comillas.</u>

> ¡¡¡TAMPOCO TÚ, AMADO SER HUMANO,
> VAS A RENDIRTE JAMÁS Y
> RENUNCIAR AL AMOR POR TI Y LOS TUYOS!!!

Cuando comencé con la venta tuve vergüenza de ofrecerlos, por el qué dirían los demás. Era **miedo** disfrazado. **El miedo es una emoción muy arcaica y el arma más poderosa que utiliza la mente en cuanto intentamos escapar de su dominio.**

Un instinto de supervivencia heredado de generaciones muy remotas, que por lo tanto no desaparece totalmente, pero sí es gestionable.

La mente es un mecanismo automático <u>que en un principio</u> <u>está</u> **hecha para protegernos y "nos domina" a través de una zona de confort, sistema de creencias o programación que crea,** <u>con la intención que al poder conocerla, entonces también podrá dominarla.</u>

Me escondía de personas que conocía hasta que fui tomando consciencia de la situación, gestionando mis miedos y sobre todo <u>cuando los por qué eran muy poderosos, los cómo se hicieron mucho más fáciles.</u>

Y los míos estaban muy claros: si no hacía caja con la venta de los boletos, los gastos elementales míos y los de mis hijos estaban en peligro y no tenía otra fórmula de ingresos.

¡¡¡Había que vender los boletos sí o sí!!!

Recuerdo que animarme constantemente con frases como: **"Francisco, lo más importante es lo que tú pienses de ti mismo y no lo que los demás piensen de ti".**

También me reforcé mentalmente con algo que había olvidado: cuando imponía mi autoridad como árbitro de fútbol y delante de miles de personas.

Y, entonces, **amado ser humano, REAPRENDÍ** que hemos de,,,

> ## ¡¡¡CONVENCER A LA MENTE Y NO A LA GENTE!!!
> Laín García Calvo

Con esa consigna, poco a poco lo conseguía. Pero era solo el comienzo y me iba a enriquecer mucho más, sin saberlo.

La faena era muy dura y obligado por la imperiosa necesidad de vender tenía que lidiar antes de nada conmigo y luego con el público, responsables de negocios, clima y personal seguridad de centros comerciales, entre los más importantes.

Eso hacía que alimentara con mi sonrisa, alegría, entusiasmo y energía positiva a todos los que me rodeaban y me permitía el lujo además de suministrar ánimos y otros consejos a los potenciales clientes.

Amado ser humano, por la cuenta que me traía, aprendí rápido que con la queja no iba a generar dinero, porque así no se vendían los boletos, no valía de nada, no era la solución y que por lo tanto:

> **¡¡¡ENFOCARSE EN LA QUEJA TRAE POBREZA,
> EN LA GRATITUD ATRAE RIQUEZA
> Y EL CAMBIO DE ENFOQUE PROCEDE DE LA
> ACTITUD MENTAL!!!**

Bendecía a las personas y sus familias cada vez que participaban con la compra de boletos y ese hecho hacía que sus ojos brillasen de satisfacción,¡¡¡como si nadie se lo hubiese dicho en su vida!!!.

Les reconfortaba tremendamente y mi satisfacción era inmensa también, sabiendo que no solo había hecho sentir bien a las personas con sus aportaciones, sino que además conseguía que en un futuro recibieran contraprestaciones por el hecho de haber dado primero.

También al dedicarme a la venta de boletos no competía con un puesto de trabajo por cuenta ajena, pudiéndolo ocupar otro ser humano, promocionaba la solidaridad y movía la economía al hacer circular el dinero que recibía de la venta.

Todo ello hizo me conectara mucho más con mi propósito de vida.

¡¡No sospechaba que ese nuevo maestro en mi vida iba a ser tan crucial!!!

¡¡¡Primero, porque,,,

ME CREÓ NUEVOS HÁBITOS!!!

Porque me enfocó y despertó valores muy importantes, que repetía reiteradamente, tales como la humildad, la compasión, el perdón, la tolerancia, la generosidad, la gratitud, la constancia y la disciplina.

Además me llevó a estados emocionales altos como la paz, <u>la autoestima</u>, la fe, la actitud positiva, el entusiasmo, la alegría, el equilibrio, la armonía, la empatía, la sonrisa, la agradabilidad, la decisión, el coraje y la valentía.

¡¡¡Y LLEGADO HASTA AQUÍ QUERÍA PUNTUALIZAR ALGO MUY IMPORTANTE,,,!!!

¡¡¡ME APERCIBÍ QUE CUANTO MÁS HABÍA SUBIDO MI NIVEL DE AUTOESTIMA, MÁS VENDÍA!!!

Los hábitos se heredan, pero también se cambian. De hecho te acabo de demostrar cómo fui cambiando gradualmente la programación muy diferente que traía desde mi infancia. Los nuevos hábitos se adquieren con entrenamiento.

El gran Aristóteles decía: "somos criaturas de hábitos"

¡¡¡Por ello y con el método que te propongo más adelante!!!
(contenido en el primer tomo, YO ME AMO, ¿Y TÚ?)

¡¡¡TÚ TAMBIÉN, AMADO SER HUMANO, CAMBIARÁS TUS HÁBITOS DE PENSAMIENTOS HASTA AMARTE MÁS Y MÁS...!!!

¡¡¡Y siempre y cuando te apliques con disciplina y constancia!!!

Porque, **he de hablarte claro, amado ser humano.** Piensa que los años que tienes son los que llevas reforzando una programación bien distinta y los patrones de pensamientos que has construido hasta ahora son imposibles cambiarlos de la noche a la mañana.

El cambio es un PROCESO, el mismo que utilizaste en crear la vieja programación. ¿Verdad que no se formó tampoco de la noche a la mañana?.

Pero con esa disciplina y constancia lo acortaremos con el método que te propongo (en referencia al que aparece en el primer tomo, YO ME AMO, ¿Y TÚ?).

¡¡¡Y segundo, porque ME CAMBIÓ LA PERSONA!!!

Y ya lo decía San Pablo, recogido en la Biblia: "Somos transformados por la renovación de nuestras mentes". El cambio de mentalidad desemboca en un crecimiento interior y por ello, **EL ÉXITO** llega por el tipo de persona en que te conviertes.

¡¡¡POR ELLO, CADA VEZ ME FUE MÁS SENCILLO VENDER LOS BOLETOS!!!

Mi vida seguía desencadenándose. Un día, durante mi rutina habitual de venta en la calle, me tropecé a un conocido que hacía tiempo no veía. **Ese hecho CAUSAL me invitó a leer la Biblia** y sobre todo me inspiraron tremendamente los textos de San Marcos.

La venta de boletos y algún que otro negocio puntual de compra venta de artículos que realicé me permitieron hacerme con unos ahorros. Los invertí en un negocio que ideé.

<u>Se trataba de comprar fundamentalmente ropa, zapatos y bolsos usados anunciados en internet para luego vender en Nouadhibou (Mauritania).</u>

Ya previamente había realizado un reconocimiento a esa zona tras un viaje previo, dejando atado un local comercial, manteniendo por lo tanto mi pretensión inicial a pesar de las "recomendaciones" de conocidos.

Abandoné a mis seres queridos para adentrarme en ese país africano. Fueron ocho meses de aventura. Económicamente hablando fue "lo comido por lo servido". **Pero detrás de todo, como siempre, estaba el Creador.**

<u>La misión era que valorara la enorme diferencia de calidad de vida y valores humanos que existían entre ambas culturas y, una vez más, a no hacer caso a las voces equivocadas que negaron mi iniciativa y a continuar confiando en mi.</u>

Como consecuencia de estar lejos de mi tierra y también por mis indecisiones, pierdo el último vestigio de mi etapa empresarial más exitosa: un BMW 525 full extras.

Es aplastado por el depósito de vehículos donde se hallaba al no haber podido hacer frente a la deuda acumulada tras una larga temporada allí.

Mi errónea programación hizo que sucumbiera económicamente hasta ese momento, así como en tres nuevas relaciones sentimentales ya terminadas y que me mostraron patrones que repetí, aprendidos de la relación entre mis padres.

<u>Les estoy muy agradecidos a todas al haber sido también formidables maestros en mi entrenamiento.</u>

He de reflejar por su importancia un hecho que se produjo en los primeros años del siglo actual: **un accidente con el BMW que conducía. Fruto de un despiste me fui contra un muro de hormigón en un lateral del arcén.**

Salí ileso de puro milagro. Estaba muy claro que **el Creador estaba conmigo.** Otra lección que aprendí. Suma y sigue...

¡¡¡Gracias Gracias Gracias Creador!!!

QUINTO MAESTRO: PRINCIPIO DEL CAMBIO FIRME Y DEFINITIVO.

Solía necesitar de alguna que otra copita para irme a dormir: la soledad, por donde comienza el cambio me lo demandaba.

Hasta que en Junio 2015, tras regresar de Nouadhibou al verme obligado a suspender un Campus de fútbol que pretendía innovar allí y tampoco poder iniciar el sexto consecutivo en LasPalmas G.C., en ambos casos por falta de inscritos, **tomé la decisión de inscribirme en un gimnasio.**

¡¡¡BENDITA DECISIÓN!!!

Ya una vez incorporado al entrenamiento diario en el mismo y un día en que me hallaba estirando junto a una cristalera que delimitaba la zona de estiramiento donde me encontraba del despacho del Director del centro deportivo, **¡¡¡sucedió algo mágico y que iba a marcar el resto de mi vida!!!.**

Me apercibí que sobre su mesa había un libro que se titulaba: <u>UN MILAGRO EN 90 DÍAS</u> . <u>Me llamó la atención</u>, con lo que me acerqué a ver el nombre del autor, pero me resultó imposible, pensando que luego lo buscaría a través de internet. Y así fue. Se trataba de **Laín García Calvo.**

¡¡¡Ese desenlace era el que necesitaba para que mi vida diera un cambio firme y definitivo, de una vez por todas!!!

A través de la lectura de un libro recomendado más básico, perteneciente a la misma saga y del mismo autor, **LA VOZ DE TU ALMA**, **reforcé mi autoestima me empoderé y terminé de iluminarme.**

Conecté con mi Ser, conmigo mismo, con mi Cristo interior, o como quieras etiquetarlo.

¡¡¡Benditos fracasos la no celebración de citados Campus. Eran bendiciones disfrazadas o escondidas!!!

SEXTO MAESTRO: DE TOCAR FONDO A LA BENDICIÓN.

Pero ahí no quedaba todo, amado ser humano. **El Creador** me tenía reservada otra sorpresita. **Siempre quiere estar seguro de que vas en serio con tus objetivos antes de desplegar todo su poder sobre ti.** Todavía había otro duro obstáculo por franquear.

<u>Y es que</u> **un día**, <u>seguro que no había sido suficiente el aprendizaje arriba citado</u> con la famosa apuesta que perdí con el partido de la final del mundial de fútbol el 11 de Julio 2.010 , que **probé realizando otra apuesta futbolística.**

Poco a poco y cada vez más acudía a las casas de apuestas. Como todo, se empieza por poco y va en aumento. Ningún vicio va a menos, todo lo contrario, y éste no iba a ser una excepción.

<u>Lo que comenzó como algo puntual, por curiosidad</u>, **desembocó en casi un enganche.** Y es que aquello a lo que le prestas atención y foco, allí diriges la energía, aumentando más y más.

El pensamiento es la energía de la mente. Es Ley y no falla. No fallan las leyes, fallan las personas. <u>Me dolieron tanto las pérdidas económicas que me sentí vacío, desgraciado y harto de la situación.</u>

<u>Estaba sufriendo muchísimo, jamás me había sentido así</u>. **Mi mente me dominaba a su antojo. Toqué fondo.**

DON DOLOR, ese gran maestro y aliado, había hecho acto de presencia. Era lo que necesitaba para tomar consciencia de la situación. Y así lo hice.

Le imploré al Arcángel Miguel para que me diera luz y fuerza para salir del atolladero donde me metí, a la vez que le ofrecí a mi mente el argumento lógico y racional que siempre precisa. Hablé con ella y le dije:

"un día ganaré apuestas, pero al día siguiente perderé;
no siempre iba a ganar,
pero el enganche no había quien me lo quitara"

Fue la gota que colmó el vaso. **Me prometí a mi mismo que era más grande que aquéllo, que merecía llegar lejos en la vida y lo iba a hacer. El Creador le da las batallas más importantes a sus más valientes guerreros.**

¡¡¡AMADO SER HUMANO, DICHO Y HECHO: AQUÍ ESTOY Y SIENDO UN GRAN GUÍA PARA TI!!!

Reanudé el camino que las apuestas me habían cerrado releyendo el antes citado LA VOZ DE TU ALMA y continuando con **TU PROPÓSITO DE VIDA** del mismo autor, con el que **conecté con mi propósito de vida e hizo posible que ahora mismo tengas este libro entre tus manos.**

Posteriormente en Marzo 2017 **asistí en Barcelona a su evento** VUÉLVETE IMPARABLE **y que marcó un antes y después en mi vida.** MI VIDA Y LA DE MI FAMILIA HABÍAN CAMBIADO PARA SIEMPRE. **Todo está planificado por el Creador.**

Hay un plan divino para cada uno de nosotros. Un propósito o misión de vida que hemos venido a desarrollar en este plano físico, que hemos de encontrar y en el que hallamos la abundancia en todas las áreas de nuestra vida.

Si colocas tu pieza del puzzle, los demás seres humanos también podrán colocar la suya.

¡¡¡Gracias Gracias Gracias Creador por haber puesto a Laín en mi vida!!!

SÉPTIMO MAESTRO: MI MADRE Y LA SEÑAL DEFINITIVA.

Pienso que una ratificación de que debía escribir este libro fue la señal que el **7 de Mayo 2017** me regaló el Creador. Y es que además del **séptimo maestro,** fue un **séptimo día de la semana (Domingo), cayó un día 7 y del año 17.**

Pues <u>en esa fecha</u> y aprovechando la <u>festividad del día de las Madres</u> deseo visitar a mi madre acompañado de mis tres hijos. Con tal fin, nos desplazamos a casa de mi hermana donde vive ella en compañía de mi hermana.

Aprovecho la ocasión para comentarte que <u>desde hacía tres años y unos meses no existía la más mínima comunicación entre mi madre, hermanos y nosotros</u> por una serie de hechos que en mi opinión fuimos afectados por parte de ellos, pero quisimos dar el paso, visitarles y lograr una reconciliación.

Previamente había telefoneado a <u>mi hermana</u>, la cual <u>se opuso a nuestra visita. Pero aún así, emprendimos el viaje</u>, los nervios me comían. Toqué al telefonillo de la puerta y <u>mi hermana me respondió que me fuera. Luego</u> se lo pensó, abrió la puerta y <u>dialogamos</u>.

Pero aunque en un principio persistía su ego, **le pedí perdón y** finalmente **me permitió entrar a ver a mi madre**, no sin antes comentarme, para mi sorpresa, **que se encontraba en un estado en fase terminal de Alzheimer.**

Observé a mi madre postrada en una cama, no podía moverse, ni tampoco hablar, solo abría los ojos. **Le di varios besos, la acaricié, agradeciéndole por todo lo que me había dado, le pedí perdón y le dije que la amaba. Lloré como un niño pequeño.**

No reaccionó. Solo abrió los ojos llevada seguramente por la sensación de sentirse tocada.

Ya prácticamente no sentía ni padecía. Luego entró mi hija Xiomara, mientras mis otros dos hijos prefirieron no verla al saber en qué estado se encontraba.

Y comenté que pienso **esa vivencia detallada es una ratificación de que debía escribir éste libro** porque el Creador me mostró a

tiempo, justo en el momento en que comenzaba a escribir este libro (en referencia al primer tomo, YO ME AMO, ¿Y TÚ?), el estado en que se encontraba mi madre.

De la cual no sabía nada desde hacía unos años, **y de esa manera poder hilvanar toda mi historia personal, pudiéndola mostrar completa a la humanidad con las conclusiones pertinentes.**

Y debía enterarme de la última información que me faltaba, **el Alzheimer en su última fase de mi madre**, enfermedad degenerativa y <u>que proviene también de una baja autoestima.</u>

Se origina en la mente como el 99% de las demás, como las enfermedades de mi padre, el cáncer de mis tías y abuelos maternos arriba detallados.

¡¡¡Todo cuadra. El Creador no se equivoca!!!

Amado ser humano, **yo en medio no me iba a escapar del sistema de creencias familiar y por lo tanto fui programado con lo mismo, pero salí de ella.**

<u>Luego superando todas las dificultades que nos opone la vida para que crezcamos interiormente</u> y **ahora teniendo que transmitir al mundo cómo lo hice.**

Como decía el Maestro Jesús:

"MUCHOS SON LOS LLAMADOS Y POCOS LOS ELEGIDOS"

> **FUI HUMILDE, SENTÍ LOS LLAMADOS, ME CUESTIONÉ TODO LO QUE HABÍA SUCEDIDO EN MI VIDA, LE DI EL SIGNIFICADO CORRECTO, ME ELEGÍ, TOMÉ ACCIÓN Y EL CREADOR CONSPIRÓ A MI FAVOR.**

¿Comprendes ahora, amado ser humano, una vez has leído mi historia personal de superación, por qué la titulé: "digna de uno de los mejores guiones en Hollywood"?.

¡¡¡Mi gran autoestima hizo que siempre me levantara y la tuya también la va a hacer!!! (en referencia a la lectura del primer tomo, YO ME AMO, ¿Y TÚ?)

> **¡¡¡LOS FRACASOS SON REGALOS DEL CREADOR,
> ESCALONES QUE SUBIMOS
> EN LA ESCALERA DEL ÉXITO!!!**

¡¡¡AMADO SER HUMANO, LO IMPORTANTE NO SON LAS VECES QUE TE CAES, LO IMPORTANTE SON LAS VECES QUE TE LEVANTAS.

LEVÁNTATE UNA VEZ MÁS DE LAS QUE TE CAES. PERO CADA LEVANTAMIENTO NO ES POSIBLE SI NO TE APODERAS DE UNA GRAN AUTOESTIMA!!!

Como ya comenté reiteradas veces, **nada de lo que nos ha sucedido ha sido casual.** En nuestra vida no hay errores. **Nuestra vida trata de despertarnos con cada experiencia para que recordemos quienes somos y para qué estamos aquí.**

Para que recordemos cuan válidos, amados somos y todo el poder que se nos ha dado. Ninguno de los dramas que hemos vivido ha sido para que sufriéramos, sino para que despertáramos.

El Creador prepara a quien se elige recibiendo todas sus bendiciones. **"Somos bendecidos para bendecir"**. En éste caso fui yo, al igual que en cada familia existe una persona capaz de romper con la maldición pasada de sus respectivos ancestros.

Ahora **me toca bendecir a aquellos que también se ELIJAN** pudiéndoles **AYUDAR** cuando éste libro llegue a sus manos. Así progresamos.

¡¡¡EL PROGRESO ES EL OBJETIVO DEL CREADOR!!!

¡¡¡GRACIAS GRACIAS GRACIAS MAMÁ por todo lo que me diste, no solo por mi alumbramiento y todo lo que ya ello supone, sino también por todo lo que te esforzaste en sacarnos adelante, con tu máxima buena fé siempre.

A pesar de tu sistema de creencias erróneo y que hizo que el dolor que sufrí fuese ese maestro que me impulsó a la superación y de esa manera poder ahora transmitir tal maestría al mundo.

Pudiendo así ayudar a millones personas a SUPERAR la baja auto-estima (en referencia al primer tomo, YO ME AMO, ¿Y TÚ?) **!!!**

¡¡¡SIN TI NO HUBIERA SIDO POSIBLE, MAMÁ!!!

¡¡¡ÉSTE LIBRO VA POR EL CREADOR QUE ME CAPACITÓ CON LOS EXCELENTES ENTRENAMIENTOS LÍNEAS ARRIBA DETALLADOS, POR TI MAMÁ, POR MIS TRES SOLES Y POR SUPUESTO POR TI, AMADO SER HUMANO Y PROPÓSITO DE MI VIDA!!!

¡¡¡LOS AMO!!!

¡¡¡INFINITAS GRACIAS!!!

¡¡¡FRANCISCO MIGUEL VEGA CASTELLANO!!!

¡¡¡Vamos a continuación por tus miedos, amado ser humano...!!!

Te amo

Francisco Miguel Vega Castellano

CAPÍTULO 1

¿Qué es el miedo?

"Los miedos no son más que estados de la mente"

(Napoleón Hill -EEUU, 1.883-1.970- Considerado el autor de autoayuda y superación más prestigioso del mundo. Asesoró a varios presidentes de EEUU)

Amado ser humano.

¿Alguna vez te has preguntado qué es el miedo?.

¿De dónde proviene?.
y
¿Cómo se produce?.

Igual sí y no has hallado respuesta, o a lo mejor no, o puede también que sepas las respuestas a esas interrogantes.

De cualquier forma, por aquí hay que empezar y voy a tratar de hacerme explicar de una forma sencilla y clara, antes de ir quizás a lo que realmente te importa que es localizar tus miedos y cómo debes superarlos.

El concepto **miedo** proviene del término latín "metus".

> **Es una EMOCIÓN caracterizada por una intensa sensación desagradable provocada por la percepción de un peligro, real o supuesto, presente, futuro o incluso pasado y ya sea producto de la imaginación o propio de la realidad.**

De dónde proviene.

El miedo al ser una emoción, también es una CREENCIA, porque como aclaré en el primer tomo de ésta saga, "YO ME AMO, ¿Y TÚ?", de las creencias proceden los pensamientos y de éstos las emociones.

Pero se trata de una <u>emoción primaria</u>, al derivarse de la aversión natural al riesgo o la amenaza, y se manifiesta en todos los animales, lo que incluye al ser humano.

De hecho, y haciendo un poco de historia, fue el célebre médico y neurocientífico norteamericano **Paul D. MacLean** (01/05/1913-26/12/2007) quien realizó las contribuciones más significativas con respecto al carácter arcaico del miedo.

Sustenta sus trabajos en la teoría evolutiva del <u>cerebro triúnico</u>, basándose en que el cerebro humano es en realidad tres cerebros en uno: el reptiliano, el sistema límbico y la neocorteza.

En 1970 Paul D. MacLean desarrolló aún más su hipótesis del cerebro triple, fundamentada en que el cerebro había experimentado tres grandes etapas de evolución, de modo que en los mamíferos superiores existía una jerarquía de tres cerebros en uno.

De ahí el término "cerebro triple" (en inglés *triune*, literalmente "tres en uno" o "triúnico").

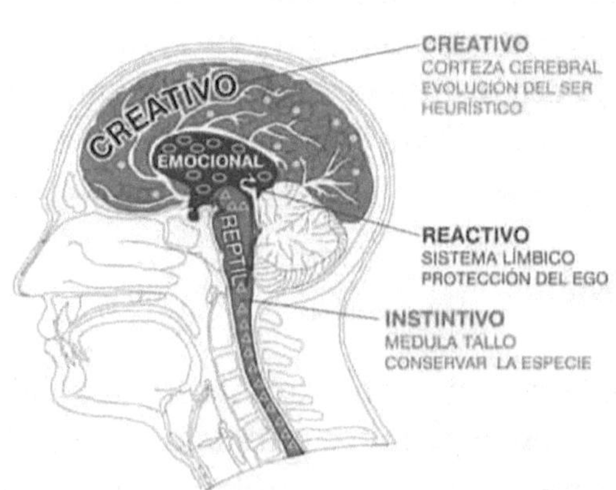

Por una parte el **cerebro reptil**, el más primitivo de todos y de <u>donde procede el miedo</u>. Comprende el tallo cerebral y también

regula otros elementos básicos de supervivencia, como la homeostasis, siendo compulsivo y estereotipado.

Lo pone como claro ejemplo del organizador de los procesos involucrados en el regreso de las tortugas marinas al mismo lugar en el que han nacido.

A continuación nos presenta al **cerebro paleomamífero**, donde se ubica el <u>sistema límbico</u> y añade la experiencia actual y reciente a los instintos básicos mediados por el cerebro reptil.

El sistema límbico permite que los procesos de sobrevivencia básicos del cerebro reptil interactúen con elementos del mundo externo, lo que resulta de la expresión de la emoción general.

Por ejemplo, el instinto de reproducción interactuaría con la presencia de un miembro atractivo del sexo opuesto, lo que genera sentimientos de deseo sexual.

Y finalmente el **cerebro neomamífero**, o <u>neocorteza</u>, que regula las emociones específicas basadas en las percepciones e interpretaciones del mundo inmediato. Los sentimientos de amor hacia un individuo particular serían un ejemplo de este tipo de emoción.

De acuerdo con su teoría, los humanos y otros mamíferos están dotados con los tres cerebros vistos, pero en los mamíferos inferiores existirían sólo los cerebros paleomamífero y reptil. Y en todos los demás vertebrados sólo el cerebro reptil.

La evolución del cerebro paleomamífero (sistema límbico) fue por tanto visto como algo que libera a los animales de la expresión estereotipada de los instintos dictada por el cerebro reptil.

El cerebro neomamífero añadió mayor flexibilidad a la conducta emocional al habilitar a los mamíferos superiores para basar la conducta emocional en procesos interpretativos complejos y utilizar la solución de problemas y la planificación a largo plazo en la expresión de las emociones.

Cómo se produce.

Ante el estímulo en cuestión <u>el ánimo</u> **queda alterado, generando un estado de intranquilidad o inquietud ciertamente intenso o** <u>angustia</u>**,** siendo su máxima expresión el terror.

El estímulo causante **puede ser un pensamiento real o no, o un estímulo amenazante** (por ejemplo, la presencia de un león). Algunos autores afirman que existen algunos miedos inherentes como por ejemplo: la oscuridad, la incertidumbre o la muerte.

Sin embargo, la gran mayoría de miedos son aprendidos por aprendizaje asociativo o condicionamiento clásico.

Pero hasta llegar a esas reacciones de miedo, el ser humano experimenta un proceso fisiológico del que no es consciente.

El cerebro humano es un órgano profundamente complejo. Más de 100 millones de células nerviosas forman una intrincada red de comunicaciones que son el punto de partida de todo lo que sentimos, pensamos y hacemos.

Algunas de estas comunicaciones conducen al pensamiento y a la acción conscientes, mientras que otras producen respuestas autónomas.

La respuesta autónoma del miedo, es decir, la que no activamos de manera consciente, surge mucho antes de que nuestra razón haya podido decidir nada al respecto.

Son muchas las áreas cerebrales relacionadas con el miedo. Estas son las más importantes:

<u>Tálamo</u>. **Decide dónde enviar datos sensoriales entrantes (de ojos, oídos, boca, piel).**

<u>Córtex sensorial</u>. Interpreta los datos sensoriales.

<u>Hipocampo</u>. Almacena y recupera recuerdos conscientes. Procesa conjuntos de estímulos para establecer el contexto.

<u>Amígdala</u>. Decodifica las emociones; petermina la posible amenaza; Almacena recuerdos de las emociones y del miedo.

<u>Hipotálamo</u>. Activa la respuesta de "lucha o huida".

Cómo procesa el miedo el cerebro humano.

Un estudio importante ha mostrado la reacción emocional que el miedo provoca en los seres humanos, ya sea positiva o negativa.

Se trata de la primera vez que un trabajo de investigación identifica un marcador electrofisiológico del miedo en el cerebro, ésto es, la manera en la que el cerebro humano procesa esta emoción.

El experimento fue llevado a cabo por científicos del Centro de Salud Mental de la Universidad de Texas en Dallas (EEUU). Contó con la participación de 26 adultos (19 mujeres y 7 hombres), con edades comprendidas entre los 19 y los 30 años.

A todos ellos les mostraron 224 imágenes al azar, entre las que se encontraban imágenes reales (divididas en imágenes de peligro y situaciones agradables) e imágenes irreales sin ningún elemento distinguible.

Utilizando la electroencefalografía en el transcurso del experimento, se pidió a los participantes que apretaran un botón con el dedo índice derecho cuando vieran una foto real y que presionaran otro botón con el dedo medio derecho cuando vieran fotos irreales.

Conclusión de John Hart, Jr., coautor del estudio:

"Sabemos que los grupos de neuronas se disparan dentro y fuera para crear una frecuencia y el patrón que diga a otras áreas del cerebro qué hacer. Mediante la identificación de estos ritmos, podemos correlacionarlos con una unidad cognitiva como el miedo".

Los resultados del electroencefalograma revelaron que las imágenes amenazantes provocaban un aumento precoz de actividad de ondas theta del lóbulo occipital (el área del cerebro donde se procesa la información visual).

Seguidamente se producía un aumento posterior de actividad theta en el lóbulo frontal (donde se producen las funciones mentales superiores tales como la toma de decisiones y la planificación).

De la misma forma, **también se identificó un aumento en las ondas beta** relacionadas con el comportamiento motor.

Bambi DeLaRosa, líder del estudio, lo resume así la investigación, y que fue publicada en la revista **Brain and Cognition**:

"Hemos sabido durante mucho tiempo que el cerebro da prioridad a la información amenazante sobre otros procesos cognitivos. Estos resultados nos muestran cómo sucede ésto.

La actividad de las ondas theta se inicia en la parte posterior del cerebro, en el centro del control emocional, en este caso el miedo, la amígdala, y luego interactúa con el centro de memoria del

cerebro, hipocampo, antes de viajar al lóbulo frontal, donde se encuentran las áreas de procesamiento de pensamientos.

Al mismo tiempo, la actividad de ondas beta indica que la corteza motora calienta motores en el caso de que las piernas, por ejemplo, necesiten moverse para evitar la amenaza percibida".

Amado ser humano.

Una vez hecho éste preámbulo sobre el miedo, la idea más importante que quiero que saques de lo visto, para continuar es que...

> ## EL MIEDO NUNCA DESAPARECE. HAS DE GESTIONARLO, y SABRÁS CÓMO HACERLO PARA LOGRAR TUS OBJETIVOS.

<u>Como lo han hecho todos los grandes de la humanidad</u>. **Será algo normal para ti cuando lo integres.**

"Juan Sitn Miedo" es un cuento infantil, muy famoso de los hermanos Grimm, de extraordinario VALOR, ya que ayuda a todos a **comprender lo que es el miedo.**

Y a saber que todos, incluso **el valiente Juan sin Miedo** tienen miedo a algo en algún momento de su vida, puede que a los fantasmas o quizás a pececillos de colores...

Existió una vez, en una pequeña aldea, un hombre ya mayor con sus dos hijos. El mayor era un muchacho constante y muy trabajador, que colmaba de alegría continuamente a su padre. El más pequeño, sin embargo, solo le daba disgustos:

Hijo mío -le dijo en una ocasión el padre a su hijo menor-, tengo poco que dejarte cuando me vaya, y no has hecho por encontrar una buena posición con la cual puedas vivir cuando me vaya decentemente; ¿qué te gustaría hacer?.

No es cierto papá. Muchas veces oigo historias y leyendas plagadas de monstruos que aterran, y sin embargo, a diferencia del resto que las escuchan, no siento ningún miedo. ¡Quiero aprender a sentirlo!.

Disgustado el padre, creyendo que su hijo pequeño no se tomaba la vida en serio, le dijo enfadado:

¿Crees que eso será suficiente para tu porvenir?. ¡Pues márchate a buscar el miedo!.

Tras aquellas palabras, Juan se despidió de su padre y su hermano y emprendió su camino. En él se encontró a un sacristán con el que decidió entablar una conversación, cansado de caminar solo y en silencio.

Soy Juan Sin Miedo -le dijo.

Extraño nombre posees, pequeño -respondió sorprendido el sacristán.

¿Podría mostrarme usted lo que es el miedo?. Siempre he vivido sin él, y he emprendido éste camino lejos de mi casa para poder encontrarlo.

Quizá pueda ayudarte, pequeño. Cuenta una leyenda, que más allá del valle existe un terrible castillo gobernado por un mago malvado. El dueño del castillo, un pobre rey ha prometido una gran recompensa a aquel que se atreva a enfrentarse al mago y a hacerle salir del castillo.

Hasta ahora todos lo que lo han intentado han huido muertos de miedo. Sin duda allí podrías encontrar al miedo.

Decidido, Juan emprendió de nuevo el camino dispuesto a no parar hasta divisar las torres del dicho castillo. Una vez allí, Juan se acercó y situó junto a la misma puerta en la cual se encontraban dos guardias reales, que vigilaban aquella puerta principal: Soy Juan Sin Miedo y deseo ver a vuestro rey.

El más fuerte le acompañó al salón del trono y allí el monarca le explicó las condiciones necesarias que debía reunir para conseguir liberar el castillo del poder del malvado mago.

Te entregaré todo el oro de mi reino si consigues pasar tres noches allí y liberar a mi castillo de la oscuridad -le dijo el rey.

Le agradezco sus palabras, su majestad, pero yo en realidad solo quiero descubrir lo que es el miedo -respondió Juan.

«Qué valiente y honesto es este muchacho» -pensó el rey tras escuchar sus palabras-, sin embargo pocas son mis esperanzas ya...

Juan se dispuso entonces a pasar su primera noche en el castillo, cuando de pronto, le despertó un alarido que procedía de un espectro tenebroso:

¿Quién eres que hasta te atreves a despertarme?, -preguntó sin más reparo Juan.

Y por más alaridos que realizó el fantasma, solo consiguió burlas por parte de Juan Sin Miedo.

A la mañana siguiente el rey visitó a Juan, advirtiéndole de que todavía le quedaban un par de noches en el castillo para conseguir su objetivo y promesa cumplida de liberar el castillo.

Advertido, y ya dispuesto a dormir en la segunda noche, de nuevo Juan Sin Miedo escuchó unos alaridos que le alertaron. Tras ellos, Juan se dispuso a cortar la cadena que acarreaba el fantasma que le había desvelado aquella segunda noche, y tras cortarla el fantasma desapareció para siempre de la habitación y del castillo.

El monarca consideraba que toda aquella valentía no era suficiente para enfrentarse al maleficio, y de éste modo Juan Sin Miedo llegó a la tercera noche.

Una vez dormido, escuchó los ruidos de una momia espeluznante que le acechaba:

¿Por qué interrumpes mi sueño?, -preguntó Juan.

Al no recibir respuesta Juan Sin Miedo tiró de la venda de la momia, tras la cual, misteriosamente, se encontraba el malvado mago.

Parece que mi magia no responde frente a ti. Déjame escapar y liberaré al castillo de mi encantamiento, -dijo el mago.

¡Qué alegría sentía el rey y la comarca entera!.

Todos se reunieron a las puertas del castillo para celebrar la valentía de Juan Sin Miedo y honrarle por su hazaña.

Así, el rey le ofreció residir en su castillo, y Juan permaneció allí mucho tiempo, convencido de que nunca conocería al miedo.

Transcurrieron los años, hasta que una de las hijas del rey dejó, trasteando, caer una pecera colmada de pequeños peces sobre la cama de Juan Sin Miedo.

¡Qué horror, qué miedo!, -exclamó exaltado Juan- retirándose el agua y todos los peces del rostro.

Y así, con unos sencillos pececillos de colores, fue como Juan descubrió lo que era el miedo.

¡Quién lo iba a decir!.

Desde luego no la joven princesa, que decidió guardar el secreto de lo ocurrido para que todos siguiesen conociendo a aquel hombre como "Juan Sin Miedo".

La moraleja de este cuento es que **<u>todos y cada uno de nosotros tenemos miedo. No tengas miedo de admitirlo</u>**. ACÉPTALO.

Por por SER CONSCIENTE siempre COMIENZA EL CAMBIO en nuestra vida, y eso incluye entonces RECONOCER LOS MIEDOS.

Vamos a abordarlo en el siguiente capítulo y llegaremos a ese maravilloso desenlace...

CAPÍTULO 2

¿Cuáles son tus miedos?

"Nada en la vida debe ser temido, solamente comprendido.
Ahora es el momento de comprender más,
para temer menos"

(Marie Curie -Varsovia 1.867; Passy 1.934- Científica
polaca, pionera en el campo de la radioactividad y
galardonada con dos premios Nobel)

Amado ser humano, en principio no hay mucha diferencia entre una persona que se comporte como un cobarde y una valiente.

La única diferencia es que el cobarde escucha sus miedos y se deja llevar por ellos, mientras que <u>la persona valiente los aparta y continúa su camino.</u>

<u>No es que el valiente no tenga miedo, sino que a pesar de tenerlo sigue adelante.</u>

Por ello **es prioritario e imprescindible que con total** VALENTÍA y HONESTIDAD **seas consciente de cuáles son tus miedos.**

Es normal que sientas miedo. Absolutamente todos los seres humanos tenemos miedos, pero <u>la gran diferencia es que muchos no saben gestionarlos.</u> Pero...

¡¡¡Tú no vas a ser uno de ellos!!!

Lo desconocido nos da miedo. <u>En nuestra mente tenemos pensamientos que nos llenan de miedo. Recreamos miedos antigüos de nuestra infancia,</u> cuando escuchamos las voces de nuestros padres advirtiéndonos de peligros reales e imaginarios.

<u>No has de sentirte culpable de sentir miedo.</u> Ésto <u>forma parte de una mecánica cerebral que es inconsciente</u> y que <u>no podemos controlar</u> directamente <u>en un primer momento.</u>

<u>El mundo también nos dice que debemos tener miedo, que la vida es peligrosa y nosotros como niñ@s obedientes escuchamos y</u> **aprendimos a creer.**

<u>Frecuentemente esas memorias del pasado ocultas o creencias de miedos nos impiden avanzar. Son un factor que a menudo nos obstruye</u>, nos paraliza y encontramos sin querer, sin ser conscientes de ello.

<u>Han creado inseguridad y falta de confianza en uno mismo, ingredientes del miedo.</u> Y debido a ésto, no confiamos en la vida. No confiamos en que nos están cuidando en un nivel superior, por lo que sentimos que debemos controlar todo desde el nivel físico.

Obviamente, vamos a sentir miedo porque no podemos controlar todo en nuestras vidas. <u>La confianza es lo que aprendemos cuando queremos superar nuestros miedos.</u> **Se llama "dar un salto de fe" y confiar en nuestro Poder divino interior que está conectado con el Creador.**

Si tienes miedo de ser tú, entonces no te amas. Jamás puedes avergonzarte de ser quien eres.

Si te avergüenzas de quien eres, estás siendo dominado por tu mente. Entonces estás separado de tu poder divino y ofendes a tu Creador con ese sentimiento, porque te creó confiando en ti para que dieras lo máximo.

Él se esmeró por ti, diseñándote a su imagen y semejanza, con unas potencialidades que te hacen diferente de cualquier otro ser humano.

De hecho, NO HUBO NADIE, NI HAY , y NI HABRÁ COMO TÚ. Pero aunque todos los seres humanos somos diferentes, todos somos uno.

El amor por ti siempre SUPERARÁ al miedo. Si estás en el proceso de AMARTE, te recomiendo obtengas y estudies el primer

libro de ésta saga y que le da el nombre a la misma "YO ME AMO, ¿Y TÚ?". Puedes obtenerlo en www.franciscomvega.com.

Amado ser humano, recuerda que el Poder que suple nuestra respiración es el mismo Poder que creó al Universo o la Creación.

Eres uno con toda la vida. Cuanto más sepas amarte y confiar en la vida, más la vida te amará, apoyará y guiará. Puedes confiar en lo que es invisible, en lugar de confiar solo en el mundo físico y material. No digo que no hagas nada, pero si tienes confianza, puedes pasar por la vida mucho más fácilmente.

Necesitamos confiar en que nos están cuidando, a pesar de que no estamos físicamente en control de todo lo que está sucediendo a nuestro alrededor.

El miedo limita nuestras mentes. Nos protege, pero sería mucho más poderoso si dejamos de reevaluar las situaciones temerosas en nuestras mentes y nos amamos a nosotros mismos a través del miedo.

Estamos en el centro de todo lo que sucede en nuestras vidas. Cada experiencia, cada relación, es el espejo de un patrón mental que tenemos dentro de nosotros.

En cualquier momento, tienes la oportunidad de elegir el amor o el miedo.

El amor es lo opuesto al miedo. Cuanto más estemos dispuestos a amar y confiar en quienes somos, más atraeremos esas cualidades a nosotros mismos.

Cuando estamos realmente asustados o molestos o preocupados o no nos gusta, ¿no es sorprendente cómo todo va mal en nuestras vidas?.

Es lo mismo cuando realmente nos amamos a nosotros mismos. Todo comienza a tener una racha ganadora. Nos levantamos por la mañana y el día fluye maravillosamente.

Necesitamos amarnos a nosotros mismos para que podamos cuidarnos a nosotros mismos. Tenemos que hacer todo lo posible para fortalecer nuestros corazones, nuestros cuerpos y nuestras mentes.

Debemos recurrir al Poder divino interior, encontrar una buena conexión espiritual y realmente trabajar para mantenerla.

Cuando puedas vencer tu miedo, comenzarás a confiar en la vida. Comenzarás a confiar en que la vida te está cuidando.

¿Cuánto poder le das a tus miedos?.

Cuando surge un pensamiento temeroso, en realidad sólo intenta protegerte.

Aprendemos a creer que el mundo no es seguro y **experimentamos lo que creemos.** Nosotros creamos el miedo en nuestra mente y le damos cuerda. Las experiencias que tenemos reflejan nuestro miedo. Pero **en realidad son solo pensamientos.**

Esas creencias crearon nuestros pensamientos, pero éstos se pueden CAMBIAR. Los pensamientos de miedo crean experiencias de miedo. Es muy probable que tu infancia haya sido un lugar lleno de miedo y en ese tiempo llegaras a sentir mucho miedo o terror.

Posiblemente, el día de hoy sigas sintiendo mucho miedo, pero **¿quieres continuar viviendo de esa forma o te gustaría ahora mismo crear para ti un mundo seguro, pacífico y donde te sientas protegido?.**

Más adelante, en la meditación guiada, profundizaremos más en el miedo proveniente de la infancia, hasta gestionarlo muchísimo mejor, porque como hemos visto, el miedo no desaparece al 100%.

Solo localizando tus miedos vas a poder SUPERARLOS, porque **es imposible cambiar algo si primero no sabemos lo que hay que cambiar.**

> **¡Tu compromiso incluye que indagues hasta donde sea necesario hasta reconocer tus miedos!**

El famoso director de cine Woody Allen **bromea con éste sentimiento de angustia y aprensión humanizándolo:**

"El miedo es mi compañero más fiel, jamás me ha engañado para irse con otro".

También él es consciente de que todos tenemos miedos. Y la mayor parte de ellos nacen de ideas compartidas por la gran mayoría de nosotros.

De lo que no debemos tener miedo en todo caso es de identificarlos. Con o sin la ayuda de profesionales, sólo cuando sabemos de dónde provienen los miedos es el primer paso para gestionarlos o controlarlos.

El importante psiquiatra y psicoanalista estadounidense Smiley Blanton (1.882-1.966), que fue paciente de Sigmund Freud, padre del psicoanálisis, y que escribió "Diario de mi análisis con Freud", hacía las siguientes reflexiones sobre el miedo:

"El miedo es la enfermedad más sutil y destructiva de todas las enfermedades humanas.

Damas y caballeros, el miedo mata sueños, el miedo mata esperanzas, manda a gente al hospital, puede envejecerte.

El miedo, damas y caballeros, puede detenerte de hacer algo que sabes que eres capaz de hacer. Pero no lo haces porque el miedo te paraliza, como si estuvieras en una hipnosis.

Y yo te pregunto:

¿Cuál es el beneficio?

¿Cuál es el beneficio de permitir que el miedo te detenga?

¿Cuál es el beneficio de renunciar a ti mismo, de no tomar las riendas de tu vida?

¿Cuál es el lado positivo?

Es una de las cosas que tuve que preguntarme. Porque yo no quería cometer ningún error. Quería gustarles a todos, quería que todo fuera perfecto la primera vez que hiciera algo. ¡Eso no va a pasar!.

Vas a cometer errores, vas a herir sentimientos, vas a hacer enemigos en cuanto decidas tomar las riendas de tu vida. El miedo es algo falso que parece real. Es una ilusión que creamos en nuestra mente. Es un estado mental que puede ser cambiado.

Mira tu vida ahora. Lo que has hecho a lo largo de ella hasta ahora está teniendo un resultado. Cualquier cosa que hayas creado en tu vida ha venido de ti.

Y es el resultado del tipo de persona que decidiste ser. Es resultado de tus decisiones, y es resultado de tu conciencia.

Ahora tienes que preguntarte:

¿Estás satisfecho con la vida que has creado?

¿Es eso lo que quieres?

¿Te gustaría que las cosas fueran mejores?

¿Crees que mereces algo mejor?

¿Crees que no tienes que hacer nada más?

Y no quieres hacer nada más, y piensas:

"Pues estoy feliz, no estoy pasando hambre como la gente de Calcuta".

¿Estás permitiendo autoengañarte?

¿O crees que en el fondo de tu mente y en tu corazón hay un propósito más grande en el que tienes que trabajar, que hay algo más grande que la vida tiene preparado para ti?

Yo creo que tienes que empezar por ser consciente de tu diálogo interno y empezar a hablarte a ti mismo.

A construirte a ti mismo.

A veces lo único bueno que escucharás de ti es lo que tú te digas".

Iria Reguera es un claro ejemplo de dar un paso al frente. A pesar de ser psicóloga, y siendo consciente de la posible respuesta social, no tuvo el más mínimo reparo de reconocer que sufría ansiedad y ponerlo en conocimiento de su círculo social y más allá, como veremos.

De echo cuenta como una amiga le comentó, al contarle su caso, "que se lo podía esperar de otra persona, menos de ella".

Manifiesta que se lo comentó con buenas intenciones, reivindicando su fortaleza y profesión.

"Pero la ansiedad no funciona así, puede afectar a cualquier persona, al igual que tantas otras enfermedades. Pensar que un psicólogo no puede sufrir ansiedad es como asumir que un médico no se resfría", agrega en una entrevista telefónica que atendió.

Incluso circuló un post en redes sociales bajo el título de "soy psicóloga y sufro ansiedad", donde va más allá de su apreciación anterior:

"Si no has sufrido antes ansiedad, no sabes lo que es. Y esa es una de las partes más frustrantes para amigos y familiares, que no saben cómo ayudarte".

Además de lidiar con los mareos, el cansancio y los problemas para dormir, síntomas habituales de la ansiedad, Iria también ha sufrido un punto de incomprensión por la profesión que ejerce:

"A la gente le cuesta entender qué te pasa. Muchos piensan que por ser psicóloga tienes todas las respuestas, pero las cosas no son así. Yo he necesitado terapia y a profesionales que me digan que ésto es normal, que me digan que no estoy loca", añade.

Si Iria y muchos otros seres humanos se han atrevido a recono-

cer sus miedos, y cambiar sus vidas, ¿cómo no vas a poder tú, amado ser humano?.

Tampoco hace falta, aunque te quize poner el ejemplo anterior, porque es valiente y concluyente, que lo compartas si no es necesario, con tus seres humanos más cercanos, por lo menos en un principio.

Lo importante es que seas consciente de la importancia de éste primer paso, reconociendo con VALENTÍA y HONESTIDAD tus miedos.

Como decía mi amado maestro Jesús: "la VERDAD os hará libres".

Por ello has de tener la HUMILDAD, por mucho que te duela, de decirte esa VERDAD. Luego recibirás el premio de haberte LIBERADO de tus miedos...

La famosa leyenda o fábula de "la puerta negra" que a continuación relato nos muestra como **muchas veces, desechamos grandes situaciones que pueden llegar a ser muy beneficiosas para nuestra vida por el miedo a enfrentarnos; enfrentarnos a la posibilidad del cambio.**

<u>Y así nos abrazamos a lo conocido, aunque sea terrible o realmente no lo queramos. Nos conformamos con las situaciones de comodidad y a no cambiar por la posibilidad de que lo que venga sea peor.</u>

Damos privilegio a lo conocido frente al riesgo, todo por el temor a dar un paso y cruzar el umbral de la incertidumbre o desconocido.

Ésto mismo les pasó a todos los prisioneros de la fábula que por miedo a cruzar la puerta negra murieron, en cambio, si alguno hubiese querido dar un paso más y abrir la puerta, se encontraría con el camino hacia la libertad.

"Los soldados giraron la cabeza y vieron a un grupo de soldados armados todos ellos con arcos y flech as, preparados para llevar a cabo cualquier acción.

-¿Habéis tomado nota de lo que habéis visto?. Bien, pues ahora, giren sus cabezas hacia la izquierda y observen lo que se encuentra en el rincón de la sala - continuó diciendo el rey.

Al girar la cabeza, los prisioneros observaron una dantesca puerta negra. En la puerta colgaban cráneos humanos a modo de decoración y el picaporte para abrir la puerta no parecía mucho más agradable al tratarse de la mano de un cadáver.

Dicho esto, el rey se colocó en el centro de la sala y gritó a los soldados:

–Ahora os doy la oportunidad de que escojan, ¿qué es lo que ustedes quieren?. ¿Eligen la zona derecha donde ustedes van a morir clavados por flechas o eligen la zona izquierda y abrir la puerta negra y dejarlos encerrados allí?. Ahora en vuestra mano queda vuestra decisión, escojan.

Uno a uno, los soldados iban observando las dos posibilidades para poder tomar una decisión y la mayoría de ellos siguieron el mismo comportamiento.

Primero, antes de tomar la decisión de la muerte segura si escogían a los soldados, se acercaban a la horrible puerta negra, donde aquellos esqueletos, calaveras y lemas del tipo «viva la muerte», elegían morir atravesados por las fechas.

«Una muerte rápida y segura, seguro que si elijo la puerta también voy a morir y a saber de qué forma, seguro que será una tortura»– decían.

Así, uno tras otro, todos actuaban cual rebaño de ovejas. Miraban a la puerta y a los arqueros y pedía al rey morir atravesados por las fechas.

Terminada la guerra y pasado el tiempo, uno de los arqueros que se encontraba barriendo la enorme sala vio cómo se acercaba el rey. El arquero con todo respeto y algo temeroso preguntó al rey:

–«Sabes, gran rey, cada vez que usted da la oportunidad a los prisioneros, siempre nada en mi la misma curiosidad, no se enfade con la pregunta que le voy a formular, pero, ¿qué es lo que se esconde detrás de aquella puerta negra?».

El rey respondió con el semblante serio: «Si usted tiene esa duda, ve y abre esa puerta negra».

El soldado, abrió con cautela la horrible puerta y sintió un rayo puro y enérgico de sol acariciar el suelo de la enorme sala. Abrió del todo la puerta y la luz y un agradable aroma a hierba recién cortada inundaron la sala.

El soldado se acercó un poco más para observar el paisaje que se escondía tras la puerta y observó que en realidad la puerta era el umbral para comenzar a andar por un camino.... el camino hacia la libertad".

Y **para ti, amado ser humano, ¿qué es la puerta negra?**.

Tal y como he comentado al comienzo, **la puerta negra representa nuestros miedos, nuestras inseguridades, miedo a asumir riesgos.**

Todos tenemos una gran puerta negra dentro de nosotros, de nuestra mente.

<u>Para algunos, la puerta negra representa el miedo a lo desconocido, para otros representa a una persona difícil, o una frustración, miedo a cambiar o puede representar una traba imaginaria que ha nacido durante tu educación o crianza</u> (creencias limitantes).

Hemos de tener presente que **podemos ganar**. Da un paso más, **atraviesa el umbral del miedo, abramos esa puerta negra y dejemos que el sol entre por completo en nuestra vida.**

Sintamos su calor y su energía y recorramos el camino hacia la libertad. No hagamos lo de los prisioneros, que por no arriesgar perdieron su libertad.

¡¡¡Pues vayamos a abrir esa puerta negra y detectar tus miedos, amado ser humano!!!

Para esclarecerte en la tarea y puedas identificarte con ellos, te detallo los miedos específicos más comunes que existen. Los miedos muchas veces se han escondido con el paso de los años haciéndose cada vez más grandes.

Por ello cuanto antes, hay que localizarlos para que no se sigan agigantando en tu interior, para luego enfrentarlos.

Para desenterrarlos y que vayas más al grano, debajo de cada uno de ellos situé unos renglones para que una vez los hayas detectado reflejes las CAUSAS, porque de esa manera los separarás de otros.

Anota absolutamente todos tus miedos, es decir, aunque no sean frecuentes, porque podrás dominarlos luego mejor, al ser consciente de ellos, si se volvieran a repetir.

Escribir libera y siempre otorga claridad, objetividad y foco. Así luego trabajarás mejor en su superación.

No importa que no estés seguro de que pertenezca a una u otra clase de miedo. Refléjalo donde creas conveniente. Lo más importante es que LO HABRÁS IDENTIFICADO. Felicítate por ello, porque habrás dado un gran paso. De eso se trata el ejercicio.

Ten PACIENCIA, que es FE. Lo LOGRARÁS:

.De corta duración, situándote en estado de alarma porque tu mente interpreta que puede ser dañino, pero que no interfiere en la normalidad de tu vida cotidiana. Por ejemplo, al ver una serpiente.

____

____

____

____

.El que se construye a partir de algo real. Por ejemplo, el miedo a caer de un lugar alto poco seguro cuando existe la posibilidad de caer al vacío.

____

____

____

____

.Derivado de un pensamiento imaginario, distorsionado y catastrofista. Son miedos no adaptativos, en los que en realidad no existe un peligro real. Por ejemplo, el miedo a hablar en público o el miedo a viajar en avión.

____

____

.El miedo físico por temor a sufrir sensaciones dolorosas derivadas de un estímulo externo real o imaginario. Por ejemplo, el miedo al médico.

.Al rechazo o a ser desaprobado por los demás, por el típico "qué dirán"; y por quienes.

.A la pobreza: mental, espiritual o económica; y de quienes.

.A la enfermedad y de quienes.

.A que te abandonen o que abandonen a quienes.

.A envejecer o a que envejezcan quienes.

.A la pérdida de autonomía, tuya o de quienes.

.A la mutilación, tuya o de quienes.

.A la incertidumbre de futuro o a lo desconocido, porque tal vez te cuesta visualizar el futuro que quieres o de quienes. O tienes dificultades para salir de tu zona de confort.

.Al compromiso de una relación de pareja. Quizás por experiencias del pasado.

.Al divorcio. Por quedarte en soledad, pensar que has fracasado o el que pensarán los demás.

.A continuar solo, sin pareja o amistades.

.A alcanzar el éxito (complejo de Jonás). Si sientes ansiedad o pánico por autorrealizarte o desarrollar tus talentos.

.A ser descubierto por haber realizado un acto ilegal o que consideras fuera de tus principios o inmoral.

.Al fracaso. Por otros fracasos que experimentaste, porque piensas no lo lograrás, por venirte abajo luego o por la opinión de los demás.

.A la muerte. Tuya, de seres queridos u otros.

.Otros no especificados arriba, pero con los que has contactado al leer los anteriores.

¡¡¡Fantástico trabajo, te FELICITO amado ser humano!!!.

Pero si por causalidad no has completado el ejercicio anterior, te invito a que recapacites y LO CONCLUYAS. Luego podrás continuar con el proceso.

No debes continuar con la lectura, si previamente NO HAS DE-TECTADO TUS MIEDOS. No es porque yo no quiera, sino por el éxito de lo que pretendemos.

¡¡¡MERECERÁ LA GLORIA!!!

Pues hecha ésta puntualización, continuamos el camino, amado ser humano.

Vamos al grano, y para lo que has venido, a SUPERAR ESOS MIEDOS, esos que has localizado con tanta valentía.
Aristóteles decía:

"Creo que es más valiente el que vence a sus deseos que aquel que vence a sus enemigos, porque la victoria más grande es sobre uno mismo"

Será en el tercer y último capítulo...

¡¡¡Ayúdame a que este manual pueda ayudar al mayor número de personas posible. Envíame, por favor, una foto donde aparezcas con el libro y/o con tu testimonio tras leerlo, que compartiré en todas mis redes sociales y web!!!.

Puedes enviármela al email: franciscomvega@franciscomvega.com; o bien al número whatsapp: +34658234019.

Así mismo, puedes seguirme en:

Youtube: Francisco Miguel Vega Castellano
Facebook: Francisco Miguel Vega Castellano (perfil y página)
Instagram: franciscomvegacastellano
Web: franciscomvega.com

También en citada página web puedes adquirir ejemplares de ésta saga o contratar **mentorías privadas**:

TOMO 1: "YO ME AMO, ¿Y TÚ?"

TOMO 2: "TÚ YA ERES ABUNDANTE:
¡¡¡CONOCE LA VERDAD!!!

TOMO 3: "SUPÉRATE HASTA LOGRAR TUS OBJETIVOS"

TOMO 4: "TÚ SUPERAS TUS MIEDOS" (parte 1 de 2)

TOMO 5: "TÚ SUPERAS TUS MIEDOS" (parte 2 de 2)

¡¡¡TE AMO,,, FRANCISCO MIGUEL VEGA CASTELLANO!!!

Te amo

CAPÍTULO 3

Cómo SUPERAR tus miedos.

"La ACCIÓN sobre lo que te da miedo es el ROMPEMIEDO, porque la única forma de SUPERARLO es EXPONERTE siempre a tu miedo.

Y si te da miedo ACTÚA con miedo. Pero has de ACTUAR siempre. Porque si no rompes tus miedos, ellos te romperán a ti"

Francisco Miguel Vega Castellano

Te amo

La fábula 'Las dos hormigas' está basada en una historia que aparece en el libro 'Cuando el desierto florece', del escritor indio, de nacionalidad estadounidense, Prem Rawat.

Es una historia fantástica que nos ayuda a valorar los cambios y la adaptación a un nuevo medio de forma positiva. Es ideal para reflexionar sobre el miedo a los cambios, tengas la edad que tengas.

"Una hormiga vivía plácidamente en una montaña de azúcar. Otra hormiga vivía cerca de allí, en un montículo de sal. La hormiga que vivía en la montaña de azúcar vivía feliz, porque disfrutaba de un alimento muy dulce.

Mientras que la hormiga que vivía en la montaña de sal, siempre tenía una terrible sed después de comer.

Un día, la hormiga de la montaña de azúcar se acercó a la montaña de sal:

¡Hola, amiga!- le dijo.

¡Hola!- contestó extrañada la hormiga del montículo de sal-.

¡Que bueno ver otra hormiga por aquí!. Comenzaba a sentirme muy sola...

Pues vivo muy cerca de aquí, en una montaña de azúcar.

¿Azúcar?, ¿y eso qué es?- preguntó extrañada la hormiga de la sal.

¿Nunca probaste el azúcar?. ¡Te va a encantar!. Si quieres, ven mañana a verme y te dejaré probar el azúcar.

¡Me parece una idea fantástica!- contestó intrigada la hormiga de la montaña de sal.

Al día siguiente, la hormiga del montículo de sal decidió aceptar la invitación de su vecina. Pero antes de partir, pensó en llevar en la boca un poco de sal, por si acaso el azúcar no le gustaba. Así tendría algo que comer.

Y después de andar un poco, enseguida descubrió la brillante montaña de azúcar. En lo más alto, estaba su vecina.

¡Que bueno que viniste, amiga! Sube, que quiero que pruebes el sabor del azúcar.

¡De acuerdo!- contestó la hormiga de la sal.

Una vez arriba, la hormiga vecina le ofreció un poco de azúcar, pero como ella tenía sal en la boca, el azúcar le supo a sal.

¡Vaya, qué curioso!- dijo la hormiga de la sal-. Resulta que tu azúcar sabe igual que mi sal. Debe ser lo mismo. Tú la llamas azúcar y yo la llamo sal.

No puede ser- dijo extrañada la otra hormiga-. Yo he probado la sal y no se parece en nada... Haber, abre la boca.

Entonces, la hormiga se dio cuenta de que tenía guardada sal en la boca...

¡Claro, ahora lo entiendo!. Anda, escupe la sal y prueba de nuevo...

La otra hormiga obedeció y esta vez sí, el azúcar al fin le supo a azúcar.

¡Mmmmmm! ¡Deliciosa! ¡Es una maravilla! - dijo la hormiga entusiasmada.

Y se quedó a vivir con su nueva amiga, disfrutando del maravilloso y dulce sabor del azúcar".

La MORALEJA de ésta fábula es que **si no te deshaces de aquéllo a lo que te aferras que no te hace feliz, no podrás disfrutar de lo nuevo y darte una oportunidad para mejorar**.

Decía el gran y desaparecido Nelson Mandela:

"No es valiente quien no tiene miedo sino quien sabe conquistarlo"

<u>Todos, sin excepción, sentimos miedo</u>. Como hemos visto, es una emoción con la que nacemos y es esencial saber convivir con él, porque siempre nos acompañará en cualquier decisión que tomemos, por pequeña que sea. Pero eso no significa que no seas capaz de gestionarlo para que no te domine.

Todo lo contrario. Lograrás que tus miedos sean tan pequeños que no te impidan seguir adelante en el camino hasta lograr tus objetivos.

Lamentablemente, muchos seres humanos piensan que tener miedo es típico de una persona cobarde que no sabe afrontar su vida. Pero nada más lejos de la realidad.

Aunque en ciertas situaciones nos ayuda a protegernos del peligro y a ser prudentes, sin embargo, y como habrás podido comprobar en el ejercicio anterior, en la mayoría de ocasiones los miedos son irracionales, tóxicos y limitan enormemente el potencial humano.

A mí personalmente me gusta ver el miedo como un **gran maestro**, en el sentido que <u>me indica dónde cree mi mente que están mis límites</u> (fíjate que digo "mi mente" y no "yo"). Gracias a ello, a partir de los mismos, SUPERÁNDOLOS, podemos crecer.

Como habrás podido intuir tras leer mi dura historia personal de superación, en varias fases de mi vida tuve mucho miedo...

En mi adolescencia, debido a los comportamientos de mi amado padre y agresiones que sufrí de mi madre.

En el colegio con las burlas de mis compañeros.

Derivado de la programación religiosa que me infringió mi amada madre.

Cuando los jefes en los trabajos que desempeñe abusaron de mi.

En el proceso de separación de la madre de mis hijos y después de la misma.

Tras la quiebra de la empresa de construcción que administraba.

En el proceso de ejecución de la casa donde la madre de mis hijos vivía con ellos, ejecutada finalmente por una entidad financiera.

Cuando en varias ocasiones me vi con varias monedas en el bolsillo, sin soluciones a la vista y teniendo que "buscarme la vida", como se dice vulgarmente, para ganar algo de dinero, teniendo además que sacar adelante a mis tres hijos.

Durante los aproximadamente seis años en que vendí boletos en la calle, por las represalias de terceras personas y entidades.

En el enganche brutal en las apuestas deportivas.

Cuando mi hermana me opuso resistencia para ver a mi madre (q.e.p.d.)...

¿Y cómo salí de todas esas situaciones de mucho miedo?.

Lo habrás podido comprobar al leer mi historia personal, pero quiero insistir en ello, porque es **la SOLUCIÓN para SUPERAR los miedos.**

"No me quedaba a contemplar el miedo, porque eso lo haría más grande al prestarle atención y tampoco era la solución.

Todo lo contrario, salía a conquistarlos, exponiéndome a las situaciones de miedo. Mirando hacia delante, ENFOCÁNDOME donde quería estar, siempre en el OBJETIVO".

Por lo tanto comprobé que...

> **Al miedo se le derroca ENFRENTÁNDOLO.**
>
> **¡¡¡Y si tienes miedo, HAZLO CON MIEDO!!!**
>
> **La ACCIÓN es el ROMPEMIEDOS.**

Vamos a ir madurando éstas ideas conforme avancemos en éste capítulo...

El miedo tiene como objetivo desafiarnos a romper cadenas y poder así ser LIBRES para seguir nuestro propio camino. Al enfrentarnos al miedo, nos conquistamos a nosotros mismos.

"Todo lo que quieres está del otro lado del miedo"

(Jack Canfield, estadounidense; afamado autor, orador motivacional, entrenador corporativo y emprendedor)

Entre más grande es tu miedo más se ha percatado tu mente de que pretendes salirte de la zona conocida que domina, porque has desafiado los límites mentales.

Y no le ha quedado otra opción que enviarte a su más fiel y fiero guardián, el miedo, para que no te escapes. Te hace ver una serie de historias, la mayor parte falsas, como más adelante comprobarás, una vez te enfrentes a ellas.

Por eso, "si algo te da miedo ¡adelante!, significa que vas por buen camino y antes has de actuar".

Una vez has localizado tus miedos, pregúntate:

¿Qué me impide conseguir lo que deseo?

¿Es un miedo real o irracional?

¿Cómo cambiaría mi vida si lo afrontara?

¿Me estoy boicoteando por miedo al éxito?

Da siempre la bienvenida al miedo. <u>Haz lo que te da miedo</u>, viéndolo como una <u>oportunidad de crecimiento</u> para salir de tu zona de confort y expandir tus oportunidades. **Toma la decisión de cambiar y confía en ti**.

"Fue un gran consejo que un día escuché que le daban a un niño: ¡siempre tienes que hacer las cosas a las que le tienes miedo!"

(Ralph Waldo Emerson (1803-1882), escritor, filósofo y poeta estadounidense. Líder del movimiento trascendentalismo y contribuyó al desarrollo del "nuevo pensamiento" de mediados del siglo XIX.)

Se cuentan por miles los exitosos que llegaron a serlo gracias a que lograron conquistar sus miedos. Ahora son capaces de impactar la vida de millones de seres humanos...

Uno de ellos es el inversor multimillonario Warren Buffet...

Amado ser humano, quiero que seas consciente de algo TRANSCENDENTAL...

Éste inversor y empresario estadounidense considerado actualmente uno de los más grandes inversores del mundo, además de ser el mayor accionista, presidente y director ejecutivo de Berkshire Hathaway, habiendo ocupado en 2017 la tercera posición en la lista de personas más ricas del mundo...

"LE ATERRORIZABA HABLAR EN PÚBLICO EN SU ETAPA UNIVERSITARIA"

Pero SUPERÓ ese miedo para convertirse en lo que ahora mismo es.

Le aterrorizaba tanto hablar en público que organizaba y elegía sus clases de la universidad con tal de evitar hablar delante de la clase. Incluso se matriculó en un curso de hablar en público que abandonó antes de comenzar.

Warren empezó un curso para superar su miedo a hablar en público, pero no duró mucho, y abandóno rápidamente, por-

que temía el momento en que le pidieran que hablara delante de sus compañeros.

A los 21 comenzó su carrera en el negocio de los valores y decidió que si quería alcanzar su máximo potencial tenía que superar su miedo.

Por ello, actuó con coraje y lo intentó de nuevo, inscribiéndose en un nuevo curso, de Dale Carnegie, con otras 30 personas que, como él, "tenían miedo de levantarse y decir su nombre".

Ésta vez completó el curso, comentando con orgullo que "es de los pocos certificados que cuelgan aún en la pared de su oficina"; asegurando además que "fue el inicio del éxito en su vida social y de negocios".

En una entrevista años después le preguntaron:

¿Qué hábitos cultivaste en tus 20 y en tus 30 años y consideras la base de tu éxito?

A lo que Warren respondió:

"Tienes que ser capaz de comunicarte en la vida. Eso es tremendamente importante. Si no puedes hablar y comunicarte con otras personas y que comprendan tus ideas estás echando a perder tu potencial".

También los investigadores académicos en el campo de la comunicación destacan, y como hemos visto, que es casi imposible librarnos completamente del miedo, porque está arraigado entre miles de años de evolución donde el miedo nos servía para sobrevivir.

Y además es totalmente comprensible querer agradar. De hecho los líderes que no suelen estar nada nerviosos a la hora de

hablar suelen ser poco exitosos en sus presentaciones precisamente por la poca importancia que le dan. Debe existir una cierta tensión en la comparecencia, esa es la clave.

Pero como Warren Buffet hay muchos casos.

La mayoría de famosos y exitosos líderes empresariales lucharon hasta SUPERAR el miedo a hablar en público.

Como es el caso del famoso **Joel Osteen**, ministro de la iglesia más grande y de más crecimiento de EEUU.

Ahora habla en lugares como el estadio Yankee, donde se dan cita más de 40.000 personas a la semana.

Pero según comentó:

"La semana antes de mi primer sermón en
1999 fueron los peores días de su vida.
Tenía miedo a la muerte".

En aquel momento sabía muy poco de hablar o preparar un mensaje. De hecho estaba muy contento de sentarse detrás de la cámara en los sermones de su padre pero cuando éste falleció su familia le animó a ser él el que estuviera ahora en el escenario.

Joel no superó su miedo hasta mucho tiempo después. Y las conversaciones que escuchaba no le ayudaban.

Comentaba:

"Una vez oí a dos señoras decir: no es tan bueno como su padre. Y las palabras, son como semillas. Si las dejas vivir en ti echarán raíces y te convertirás en lo que esas palabras dicen de ti".

Joel Osteen afirmaba que las etiquetas negativas, tanto las que provienen de críticas del público, como las que nosotros mismos nos ponemos, dejamos que nos impidan alcanzar todo nuestro potencial.

Así mismo añadía que había escuchado a muchos líderes decir:

¡Soy horrible dando presentaciones!.

¡Me puse nervioso una vez y lo arruiné!.

¡Soy un orador pésimo. Nadie quiere escucharme!.

¡Les estoy aburriendo!.

Amado ser humano, si éste tipo de frases te las repites día tras día, es normal que no creas en ti y te pongas nervioso si pretendes hablar delante de público.

No puedes controlar lo que los demás dicen de ti, pero sí puedes decidir cómo tomarte esos comentarios, es decir, RESPÉTATE, no dejando que hagan mella en ti.

No te dejes confundir por esas palabras. Las mismas no tienen nada que ver con el gran VALOR que atesoras como ser humano, el ser sagrado que eres. Es algo exterior a ti. Respétate, valórate… ÁMATE. Sigue adelante siempre, porque se mejora haciéndolo.

Joel decía que:

"Palabras como esas no paraban de aparecer en su mente: no eres lo suficientemente bueno, no tienes lo que necesitas, esas mujeres tienen razón"…

Pero a medida que Joel Osteen cambió esos conceptos negativos por positivos su confianza aumentó. APRENDIÓ de la experiencia, concluyendo que:

"las etiquetas equivocadas pueden alejarte de tu destino"

Cuanto más hables, más cómodo te sentirás. Si solo das un discurso cada 6 meses por supuesto que te pondrás nervioso. Al no hacerlo a menudo no es algo natural en ti. Practica incluso en casa. Que eso de dar discursos esté más presente en tu vida de lo que lo ha estado hasta ahora.

A los golfistas profesionales les sucede lo mismo. Se ponen nerviosos a 3 golpes de ganar el torneo, pero logran controlarlos precisamente porque han practicado ese tiro miles de veces y debido a que la memoria muscular les ayuda a gestionarlos (no a eliminarlos).

Resumiento un poco lo visto hasta ahora, la inscripción en un curso fue el primer paso que ayudó a Warren Buffet a construir su confianza como orador público.

Pero la clave, dijo, fue **comprometerse en dar un curso nocturno en la Universidad de Nebraska-Omaha donde enseñó principios de inversión a estudiantes que doblaban su edad. Lo hizo para obligarse a sí mismo a superar ese miedo.**

Por su parte, una vez que Joel Osteen **decidió ser el nuevo pastor de Lakewood se obligó a sí mismo a predicar cada semana.**

Tanto Warren Buffet como Joel Osteen mejoraron sus habilidades para hablar en público porque lo hicieron una y otra vez.

"Y SI ELLOS PUDIERON SUPERAR SUS MIEDOS, ¿POR QUÉ TÚ NO VAS A PODER SUPERAR LOS TUYOS?"

Pues amado ser humano, precisamente esos son los PASOS ESENCIALES para GESTIONAR cualquier miedo, no hay otros:

> **1. EXPONERTE AL MIEDO, TOMANDO ACCIÓN AUNQUE TENGAS MIEDO.**
> **y**
> **2. REPETIR ESAS ACCIONES PARA QUE GENERES CONFIANZA Y MEJORES.**

¿Por qué la ACCIÓN es lo que vence al miedo?.

¿Te lo habías preguntado alguna vez, amado ser humano?.

Pues porque **el miedo** precisamente **es lo que mantiene al ser humano en la pasividad o inacción.** Entonces **se precisa de todo lo contrario para derrotarlo, es decir, acción.**

Todo EFECTO es originado por una CAUSA, por lo que **si cambiamos el efecto, también habremos cambiado la causa.**

CAUSA-EFECTO es el sexto de los siete principios que rigen el cosmos y que nunca descansan.

miedo (causa) → pasividad (efecto)

acción (efecto) → fe (causa)

Tú eres tan exitoso como tus ideas. Pero no debes permitir que tus miedos se interpongan en el camino de tu desarrollo.

El cambio puede dar miedo, pero da más miedo quedarse en el mismo sitio sin evolucionar, sin mejorar y sin experimentar POR NO ACTUAR.

Al ENFRENTAR tus miedos comienzas a diseñar la vida extraordinaria que te MERECES. Pero si huyes, tus miedos saldrán tras de ti.

Por muy bueno que sea éste manual, o cualquier otro, por mucho que yo te inspire o cualquier otro autor, o por muchos cursos que realices, tratando de romper tus miedos...

¿Te imaginas cómo te sentirás cuando te hayas conquistado a ti mismo y seas capaz de hacer todo lo que te da miedo?

LA ÚNICA FORMA ES EXPONERTE A ELLOS

Amado ser humano, tener esa claridad es absolutamente necesaria, y COMPROMETERTE luego con esos pasos para SUPERAR tus miedos también.

Pero aunque las claves vistas son incuestionables, porque a las mismas has de llegar sí o sí, te pueden favorecer, empujar, darte fuerza, en definitiva AYUDAR mucho a que des esos pasos, las siguientes consideraciones:

La confianza es tu mejor arma. Cuando tienes miedo a algo, es natural que pongas excusas para evitar afrontarlo. **Puedes acercarte al miedo de una manera gradual.**

Pero jamás huir de él, porque esa reacción provoca aún más miedo ya que éste te persigue con más fuerza. Con esa actitud de huida acabas teniendo miedo al miedo, lo cual es mucho peor.

Una vez hayas intentado vencer el miedo por primera vez, puedes tener la completa seguridad que a la siguiente vez te será mucho más fácil, y así sucesivamente. <u>Solo tienes que confiar en ti mismo</u>, y ya verás cuando lo superes y sigas para delante, como ganarás en autoestima y confianza.

Se trata de una cuestión de práctica, como todo. PRACTICA <u>el afrontar tus miedos</u> para alcanzar la verdadera LIBERTAD. No debes perder la oportunidad de ir más allá de ti mismo.

Pero si a pesar de todo, no tienes la mínima confianza en ti para atreverte a dar el paso para enfrentar el miedo, **has de hacerlo sin confianza. Pero sabes que hacerlo es innegociable.**

Deja de negarlos. Si ya has localizado tus miedos en el capítulo anterior no sigas autoengañándote, contándose una historia falsa para demostrar una valentía que no tienes.

Reconoce que los estás sintiendo y que pueden tener su función. Sentir miedo es algo natural y, si esa emoción ha surgido en ti, seguramente tiene que existir un motivo para que se haya dado.

La imaginación en el caso que nos ocupa es peor que la realidad. Si niegas tus miedos, estás contribuyendo decisivamente a que cada vez se hagan más grandes, porque al negarlos no les estás poniendo remedio.

En el fondo le estás teniendo miedo al miedo, con lo que les concedes poder, te ganan terreno y crecen. Y entre más grandes sean, más difícil te va a resultar romperlos.

Deja de luchar. No veas el miedo como a un enemigo al que hay que derrotar porque siempre te ganará. Cuanto más luchas, más grande y poderoso se convierte. Date cuenta que en el fondo es una lucha contigo mismo.

Admite que en un principio no tienes el control y que en tu interior hay mecanismos que se activan inconscientemente y que tú no los controlas. Pero que te estás poniendo mano a la obra para conocerte y gestionar tus miedos.

Hacerte amigo de tus miedos. Permítete sentir el miedo en tu cuerpo. Obsérvalo e identifícalo:

Cómo se manifiesta.

En qué partes de tu cuerpo.

Cómo reaccionas.

¿Te sudan las manos?.

¿Se te acelera el corazón?.

¿Te tiembla la voz?.

¿Te sonrojas?.

¿Qué te sucede cuando sientes el miedo?.

Cuando lo tengas bien identificado date cuenta que es solo una sensación corporal, no te vas a morir por ello y empezarás a ser capaz de afrontarlo. Se trata de normalizarlo como una simple emoción incómoda y pasajera.

Afróntalos como una oportunidad para crecer. Cambia tu perspectiva y mira los miedos como grandes maestros que te desafían a ir más allá de ti mismo.

Como todos los grandes, el desaparecido Wayne Dyer, psicólogo y autor bestseller estadounidense, una de las máximas figuras del crecimiento personal que ha dado la humanidad, no iba a ser una excepción de superación de miedos.

Sus sabias palabras y ejemplos de superación siempre son fuente de inspiración...

"Una vez que nos hayamos atrevido a dar un paso hacia el interior del corazón, descubriremos que hemos entrado en un mundo donde la profundidad conduce a la luz, y que no hay final.

La primera vez que subí a un escenario para hablar ante varios miles de personas, olvidé mis notas; entonces, experimenté varias sensaciones de miedo. No reconocer la presencia de mi miedo lo habría mantenido allí, en el escenario, conmigo.

Pero me entregué a mi miedo mientras me recordaba a mí mismo que no estaba solo. Salí al escenario con el miedo como compañero.

Antes de que hubiesen pasado siquiera unos minutos, estaba absorto en mi misión y el miedo había desaparecido.

Al reconocer el temor y luego hacer, de todas maneras, eso a lo que le tenía miedo, le pone sobre aviso con respecto a esos pensamientos derrotistas. También da un paso gigantesco para desterrar la duda de su existencia.

El miedo y la duda son pautas. Aquello de lo que dude le causará miedo. Lo que teme le provocará dudas sobre su capacidad para enfrentarse con ello".

"Si supieras quién camina a tu lado por el sendero que has escogido, el miedo sería un imposible"

(Wayne Dyer)

**¡¡¡Haz lo que te da miedo.
Es la única manera que tienes de liberarte
definitivamente de él!!!**

Lamentablemente muchos seres humanos se dejan confundir por su mente, como es el caso de Andrea...

Ella comenta:

"Tengo 19 años, me doy cuenta que mi **familia** ha sido un **freno**, debido a que **no encajo** en sus **expectativas**.

Tengo que **cortar** con ella, estoy convencida de ello, y cada vez que lo **intento** hay un sentimiento, una **inseguridad** y **miedo**, que no me deja dar el siguiente paso...

Y no sé como puedo romper con esta prisión mental".

Andrea no es consciente de que las prisiones mentales son **inmateriales**, es decir:

**"Se pueden salir de ellas DANDO UN PASO REAL.
Haciéndolo aunque sea con MIEDO"**

Amado ser humano:

> **Entre hacer** y **no hacer siempre** hay que elegir **hacer**.
> Si **no hacemos**, nos **frustramos** para toda la **vida**.
> Si hacemos y nos equivocamos, nos queda
> la **experiencia**".

RECUERDA:

> **El miedo siempre te acompañará
> mientras sigas creciendo.
> La única manera de liberarte del miedo
> es afrontándolo.
> No eres el único que tiene miedo. Todos
> sentimos miedo.
> La única manera de ser feliz es vivir sin miedos.
> Vencer el miedo asusta menos que sentirse
> impotente de por vida.
> El miedo no es más que una emoción. No le des
> tanto protagonismo.
> El miedo es lo contrario del amor. Elige
> amar y confiar.**

Trascender los miedos es un proceso largo que requerirá tu máximo ESFUERZO, PACIENCIA **e IMPLICACIÓN, pero...**

> **¡¡¡Tú eres mucho más GRANDE que todos esos miedos construidos por tu mente!!!**

Y

> **¿Cómo te sentirás tras CAMBIARTE la vida, porque una vez DECIDISTE SUPERAR tus miedos?**

Las siguientes herramientas te AYUDARÁN mucho a accionarte para que SUPERES tus miedos. Porque **recuerda que nada sustituye a la ACCIÓN**.

El poder del DECRETO.

Amado ser humano, entre todo el maravilloso legado que la desaparecida y gran Conny Méndez nos dejó está el poderoso **DECRETO** para desbloquear el miedo inmediatamente. A mi me ayudó muchísimo a superar mis miedos, sobre todo en los momentos de estancamiento emocional.

Pero **si tú estás conectado contigo, o sea, interiorizado, mirando hacia tu interior, no puedes tener miedo. Ahí el miedo no puede penetrar, porque pertenece a la mente y ella está fuera. A esa conexión ayuda decisivamente la herramienta del DECRETO**.

Se trata de una confesión de FE, a través de unas enérgicas afirmaciones que se realizan. Y precisamente <u>la FE es lo contrario al miedo. Ambas a la vez son incompatibles.</u>

> *«El miedo llamó a la puerta, respondió la fe,*
> *y no había nadie»*
> (anónimo)

Antes de ir al decreto, quiero que tomes consciencia de que <u>has de ESFORZARTE en negar el temor o miedo, porque no fue creado por el Creador.</u> Todo lo contrario. Fuiste creado por un Padre todoamor, por lo que amor es lo único que heredaste.

Luego <u>no tiene otra existencia que la que tú le quieras dar</u>, y no has de aceptarla y no desear más esa apariencia de miedo creada por ti.

De hecho Juan Apóstol decía: "el amor desarraiga todo temor". Dite a menudo:

"El Creador es amor, y yo soy su hijo, hecho en por y de amor. Esa es la verdad. Gracias gracias gracias Padre".

<u>Suelta y deja ir toda sombra de miedo en ti. Poco a poco se irá desvaneciendo.</u>

Para practicar el decreto que a continuación te compartiré también **has de tomar ACCIÓN**. Como te comenté en las citas previas al inicio de éste capítulo, superar miedos siempre conlleva que tomes ACCIÓN:

Te recuerdo:

> **"Y si te da miedo ACTÚA con miedo. Pero has de**
> **ACTUAR siempre.**
> **Porque si no rompes tus miedos, ellos te romperán a ti"**

<u>Recita a menudo las frases</u> que componen el decreto, porque te harán mucho bien. Sobre todo en los momentos donde parece que el mundo se te viene encima. Precisamente es en esos momentos donde más has de actuar. <u>Esa es la fe.</u>

Pero **si no tienes fe, HAZ la FE para que lo HAGAS. Verás que luego la manifestarás.**

Y si no tienes ganas HAZ las GANAS para que lo HAGAS.

Emociónate al hacerlo, porque necesitas <u>alto impacto emocional y repetición para que cambies tus creencias de miedo</u>. Luego generarás mucha confianza y fe, que te impulsará a seguir tomando acciones y gestionar tus miedos convenientemente.

<u>"Decreto"</u>

"Yo no tengo miedo.
No quiero el temor.
Dios es amor y en toda la creación no hay nada a qué temer.
Yo tengo fe.
Quiero sentir fe.

Yo deseo (decir lo que deseas)
en armonía para todo el mundo
y de acuerdo con la voluntad divina,
bajo la gracia y de manera perfecta.

Gracias gracias gracias Padre
que ya me oíste y me lo concediste"

En la Biblia (Tito 3.8 Reina-Varela 1960) se dice:

"Palabra fiel es ésta, y en éstas cosas quiero que insistas con firmeza, para que los que creen en Dios procuren ocuparse en buenas obras. Éstas cosas son buenas y útiles a los hombres".

También en Santiago 1:6-7 se recoge:

"Pero pida con fe, no dudando nada; porque el que duda es semejante a la onda del mar, que es arrastrada por el viento y echada de una parte a otra".

En definitiva significa que actúes con FIRMEZA y FE. Es decir, <u>insiste con los decretos</u>, amado ser humano.

Sé consciente que en los textos sagrados no se comenta que el hecho que persigues sucederá enseguida.

De ahí que se aconseje INSISTIR, aunque aún no lo veas, esa es la verdadera FE. La CERTEZA de que finalmente lo MANIFESTARÁS.

De hecho, Jesús de Nazaret, después de la realización de un milagro solía decirle al sanado: "por tu fe te es dado".

Siempre la creación está probando nuestra fe con desafíos y dificultades. Cada una de ellas son fantásticas ocasiones para utilizar decretos de fe como el que acabas de aprender.

En todos los actos que conllevan FE, **el ser humano debe dar el primer paso y luego el Creador empuja decisivamente con su poder definitivo.**

Las **AFIRMACIONES**.

Las afirmaciones de la también desaparecida y gran Louisse L. Hay me AYUDARON decisivamente a SUPERAR mis miedos. **Te llenarán de** PODER y también serán decisivas para que SUPERES los tuyos.

Hacer afirmaciones **significa repetir frases positivas y es una forma de borrar todos tus mensajes negativos.**

Todo éste proceso me funcionó y entonces estoy seguro que también funcionará para ti.

Empecemos pues con el ejercicio…

Respira profundamente, inspirando y expirando siempre por la nariz. Cuando exhales saca el miedo.

Imagina que cada vez que exhalas estás LIBERANDO todos tus miedos. Si te cuesta liberar alguno, exhala fuertemente. Poco a poco los liberarás todos.

Ahora AFIRMA y DECLARA:

"Suelto el miedo y lo dejo ir"…

"Dejo ir los miedos antigüos y nuevos"…

"No tengo ninguna necesidad de asustarme a mi mismo"…

"Perdono a todas las personas que alguna vez me lastimaron"…

"Me perdono a mi mismo por haber latimado a otras personas"…

"Me perdono por culparme y castigarme"…

"Perdono a mis padres por sus miedos y limitaciones"...

"AHORA declaro por mi mismo que estoy segur@"...

"Duermo, me despierto y me muevo en completa seguridad"...

"Cada persona crea su propia realidad"...

"AHORA estoy creando una isla de seguridad alrededor mí@ y la puedo ver con los ojos de mi consciencia"...

"Esa isla es segura y serena. Es verde y bellísima. Camino en ella en perfecta paz y libremente por todos lados"...

"La isla se convierte en mi mundo y todos los que la habitan disfrutan de la misma seguridad"...

"Todos estamos en paz. Todas y cada una de las personas en mi mundo están en paz"...

"Estoy protegid@"...

"Estoy segur@"...

"Estoy en paz"...

"Cada rincón de mi mundo es segur@"...

"Estoy segur@ durante el día, estoy segur@ durante la noche"...

"Mi sabiduría siempre me guía hacia lugares seguros"...

"Camino en paz. Mi cama es un lugar seguro"...

"Dejo atrás el día y abrazo mi sueño"...

"Estoy segur@ mientras sueño"...

"Estoy segur@ durante la noche"...

"Mis sueños son de alegría"...

"Me despierto sintiéndome protegid@ y segur@"...

"Empiezo mi día con entusiasmo y alegría, porque es un día que no he vivido antes"...

"Sé y afirmo que en éste nuevo día estoy segur@"...

"Siempre estoy segur@ en mi casa"...

"Cada habitación es segura y pacífica"...

"Todo aquél que entra a mi casa es seguro y está en paz"...

"Mi comida es segura, sana y nutritiva"...

"Mi hogar es un refugio seguro"...

"Dentro de mi casa me siento relajad@"...

"A cualquier lado que voy irradio amor"...

"Me rodeo de gente amorosa"...

"Solo amor sale de mi y solo amor regresa a mi"...

"Perdono a otros y sigo adelante"...

"Estoy perdonad@ y soy libre"...

"Todos los medios de transportes que uso son seguros"...

"Estoy seguro en autos, autobuses, trenes, aviones, bicicletas y otros"...

"No importa que medio de transporte use, en todos estoy protegid@ y segur@"...

"Me relajo cuando viejo"...

"Soy un viajero pacífico"...

"Sé que estoy seguro en el lugar donde trabajo"...

"Trabajo en un lugar que es armonioso"...

"Amo el trabajo que realizo"...

"Estoy segur@ con mis compañer@s de trabajo"...

"Estoy segur@ con mi jefe"...

"Mi puesto de trabajo es seguro y me pertenece hasta el momento que yo lo quiera"...

"Cuando tengo la presión de un tiempo límite, también estoy relajado y en paz"...

"Me siento en paz y entre más en paz me siento, más eficiente soy"...

"Mi mejor trabajo lo realizo cuando estoy relajad@"...

"A donde quiera que voy creo una atmósfera relajada y alegre"...

"Mi jefe me aprecia y le encanta la forma en que trabajo"...

"Todo el tiempo estoy calmad@ y segur@"...

"Llevo mi isla de seguridad a cualquier lugar donde voy"...

"Ésta isla de seguridad también protege a mi familia"...

"Cada uno de los miembros de mi familia están protegidos y seguros"...

"Libero todas las preocupaciones acerca de mi familia"...

"Rodeo con pensamientos de paz y seguridad a cada uno de los miembros de mi familia, desde el más pequeño al más grande, desde el más joven al más mayor, de la casa a la escuela, del trabajo a los juegos y de regreso a casa"...

"Cada uno de ellos vive en armonía y en paz"...

"Libero a mi familia para que sean ellos mismos y para que vivan la vida a su manera sabiendo que no hay nada de qué culparlos"...

"Mi familia también me permite a mi ser quien soy y vivir mi vida de la forma en que pienso es la mejor manera de hacerlo"...

"Todos estamos seguros y somos libres"...

"Me relajo con éste conocimiento y estoy en paz"...

"Estoy segur@ de mis creencias espirituales y me siento protegid@"...

"Me siento un@ con mi Creador"...

"Mi Creador solo piensa en mi alegría y mi bienestar"...

"Confío en que el poder que me creó me protege todo el tiempo y bajo cualquier circunstancia"...

"Yo fui creado para ser todo lo que pude ser"...

"Estoy seguro en la vida"...

"Todas mis lecciones las aprendo fácilmente"...

"Libero todo aquello que ya no funciona"...

"Estoy seguro cuando aprendo"...

"Me acerco con alegría a las nuevas lecciones y las bendigo"...

"Es fácil aprender para mi, me fascina aprender nuevas cosas"...

"Cuando estudio estoy relajad@"...

"Estudiar es un placer"...

"Absorbo como una esponja la nueva información"...

"La vida me da lecciones fáciles"...

"Soy inofensivo para otros y los otros son inofensivos para mi"...

"Me siento seguro con todas las personas, jóvenes y no tan jóvenes"...

"Me siento segur@ con las personas que se asemejan a mi y con las que son diferentes a mi"...

"Me siento segur@ con los animales"...

"Vivo en armonía con todos los animales"...

"El clima es mi amigo"...

"Estoy en armonía con todo en la vida"...

"Estoy en paz con los elementos: el sol, la luna, el viento, la lluvia, la tierra y su movimiento"...

"Siempre estoy cómod@ en cualquier momento"...

"Mi cuerpo se adapta a la temperatura exterior y me siento bien"...

"La oscuridad es mi amiga, me conforta, me muevo en ella fácilmente, no hay nada en ella que me cause miedo"...

"Siempre estoy protegid@ y segur@"...

"Me siento segur@ en mi cuerpo"...

"Estoy san@, protegid@ y segur@"...

"Libero todas las creencias de enfermedad, dolor y sufrimiento"...

"Ahora elijo estar sano"...

"Ahora estoy radiante y vibrante de salud"...

"Cuido mi cuerpo muy bien"...

"Mi cuerpo me ama"...

"La comida es mi amiga"...

"El ejercicio es mi amigo"...

"Cuando hago ejercicio estoy segur@"...

"Disfruto la sensación que surge cuando hago ejercicio"...

"A mi cuerpo le fascina que me estire y lo ejercite"...

"Escojo ejercicios que me dan placer"...

"Aprendo a sentirme tranquil@"...

"Me puedo sentir tranquil@ en la mitad del caos"...

"La tranquilidad es paz interior"...

"Practico sentirme tranquil@ cuando otros están agitados"...

"No tengo que contagiarme con las agitaciones de otras personas"...

"Amarme y sentir paz interior es para mi lo más importante"...

"Todas mis relaciones están llenas de amor"...

"Es seguro ser abiert@ y honest@ en una relación y también yo les permito a otros ser abiertos y honestos conmigo"...

"Amar es seguro y también es seguro cuidar de mi dentro de la relación"...

"Ser yo mism@ con otros es seguro"...

"Para mi es seguro aprender y crecer"...

"Quiero cambiar y convertirme más y más en quien soy"...

"Ser todo lo que yo pueda ser es seguro"...

"Cuando soy yo mism@ no amenazo a nadie y todas mis relaciones apoyan mi crecimiento"...

"Estoy segur@ con mis amigos"...

"Estoy segur@ con mis conocidos"...

"Estoy segur@ con los que dicen llamarse mis enemigos"...

"Ahora solo atraigo gente amorosa"...

"Estoy segur@ en todas las edades"...

"Es segur@ ser joven y también envejecer"...

"Siempre miro hacia delante, hacia una vida saludable y larga"...

"Cada etapa de la vida guarda sus propios placeres y tesoros y yo voy a disfrutar hasta el último momento y más allá"...

"Cuando deje este mundo sé que voy a estar segur@ en mi siguiente nueva aventura"...

"Cuando sea el momento perfecto para mi de hacer mi transición, pasaré de esta vida en paz y armonía"...

"La muerte es una experiencia natural"...

"Todas las experiencias de la vida se dan en el momento perfecto"...

"Estoy en armonía con éste proceso llamado vida"...

"Aunque muchas veces no entiendo por qué pasan muchas cosas estoy dispuest@ a ir más allá y confiaré en que la vida siempre se desarrolla para mi más alto bien"…

"Escojo no asustarme nunca más con mis propios pensamientos"…

"Me amo mucho como para volver a asustarme"…

"Nunca volveré a asustarme"…

"Si cambio mis pensamientos creo paz en mi mundo"…

"La paz toma el lugar del miedo"…

"Al terror lo reemplaza la tranquilidad"…

"El miedo se convierte en serenidad"…

"La inseguridad se convierte en confianza"…

"Observo cómo mis miedos se van desvaneciendo, ya no existen, ya no volverán"…

"El amor reemplaza al odio y la represión se vuelve libertad"…

"Bendigo a todas las personas con amor"…

"Rodeo al planeta con amor"…

"Todo está bien y así es"…

"Amo a la vida".

MEDITACIÓN GUIADA.

La meditación es una disciplina que incita a poner en práctica la concentración y relajación, lográndose obtener una visión más clara de todo aquéllo que se experimenta y que genera incertidumbre o descontento internos.

Todos los días piensa en el día presente como uno de aprendizaje, como un nuevo comienzo y una oportunidad de crecer y cambiar, de abrir tu consciencia a un nivel nuevo.

En esa apertura reflexiona acerca de ideas y formas nuevas de pensar y amar a tu niñ@ interior, y visualizar el mundo en que quieres vivir.

Tu visión también ayudará a cocrear un nuevo mundo más poderoso en valores.

La primera práctica podría tener una duración de 5 minutos e ir subiendo conforme vayas perseverando, hasta llegar a un mínimo de 20 minutos aconsejables.

Empezamos con la meditación...

Recomiendo uses prendas y zapatos cómodos que no te presionen.

Siéntate bien derecho, con la espalda recta, pero no rígida, la cabeza en el eje de la columna vertebral y las piernas cruzadas.

Cierra o semicierra los ojos. Las manos apoyadas sobre las rodillas, livianas. Relájate, pero sin pensar demasiado en ello.

La relajación de los músculos vendrá progresivamente. Toma consciencia del momento y lugar preciso en que estás. Es importante ser consciente del "aquí y ahora".

Comienza realizando varias respiraciones abdominales, o sea, llevando el aire al abdomen, inspirando y expirando por la nariz. Después continúa respirando tranquilamente. Céntrate únicamente en la entrada y salida del aire por la nariz. Ten una actitud mental positiva.

Es importante te repitas mentalmente: ¡¡¡actitud mental positiva, todo está bien en mi vida, no pasa nada, solo estoy atento a la entrada y salida del aire por la nariz y ecuánime!!!.

Siempre en la misma posición, conservando el corazón como punto central, prioriza y esfuérzate siempre en estar atento a la entrada y salida del aire por la nariz.

Escucha y céntrate cada vez más en ese ritmo armonioso de la entrada y salida del aire por la nariz. Y vuelta a empezar. Piensa solo en tu respiración regular, en la majestad de tu postura.

Las manos están flojas sobre las rodillas, la columna vertebral sigue derecha. Inspira y expira siempre por la nariz. Pensamientos surgen de tu imaginación, pero lo expulsas al expirar.

No le hagas caso, son nubes de energía y se irán. Cada vez menos pensamientos te van a invadir.

Relájate cada vez más diciéndote:

"Mis pies están relajados...
mis tobillos están relajados...
mis músculos abdominales están relajados...
mi corazón y pulmones están relajados...
mis manos y brazos están relajados...
mi cuello está relajado...
mi cerebro está relajado...
mi cara está relajada,

mis ojos están relajados...
mi mente y cuerpo están totalmente relajados...
perdono y libero a todos y cada uno de los seres humanos y les envío luz, amor y bendiciones...
ahora estoy en paz, sereno, en calma y armonía...”

Ahora, completamente relajad@ **visualiza tu niñ@ interior, pon atención a cómo se ve y se siente, consuélalo.**

También puedes pedirle PERDÓN por haberlo descuidado tanto tiempo o menospreciado y regañado en el pasado.

Pero ahora le puedes prometer que siempre estarás a su lado, que nunca más lo volverás a abandonar. Asegúrale que siempre estarás con él o ella. Que estarás en cualquier momento que te necesite para que lo confortes o aconsejes, o simplemente para que jueguen juntos.

Reconoce que en tu vida la relación con tu niñ@ interior es una de las más importantes.

Exprésale a tu niñ@ interior cuánto lo atesoras, ayúdale a construir su autoestima, haciendo hincapié en su autovaloración. Visualízalo relajado, seguro y en paz.

Divirtiéndose, riéndose y contento jugando con amigos.

Feliz corriendo libremente, compartiendo con otros niños.

Tocando una flor, abrazando un árbol, tomando una fruta y deleitándose al comérsela.

Jugando con un perrito o gatito, sentado en lo más alto de un columpio riéndose con mucha alegría.

Ahora imagina cómo viene corriendo hacia ti y te da un gran abrazo.

Visualízate a ti y a él o ella sanos, viviendo en un lugar seguro, bellísimo y maravilloso, y que vuestras relaciones con padres, amig@s y compañer@s de trabajo son amorosas y cordiales.

Son bienvenidos con alegría a donde quieran que vayan.

Cada uno teniendo una relación amorosa especial con una persona.

Ahora visualiza a tu adolescente interior...

Confórtalo mientras transita por el tiempo impetuoso de la pubertad que marca la transición de la niñez a la edad adulta con palabras que te congracíen con él o ella.

Apóyalo a construir su autoestima, haciendo hincapié en su autovaloración.

Visualiza con amor al adulto que hoy eres...

Felicítate por haber llegado hasta aquí. En todo momento y lugar siempre hacemos lo mejor que podemos.

Construye tu propia autoestima, haciendo hincapié en tu autovaloración (recuerda que para aumentar considerablemente tu autoestima tienes a tu disposición a "YO ME AMO, ¿Y TÚ?", primer tomo de ésta saga).

El amor y la aceptación que te tienes en éste momento facilitarán el que pases al siguiente nivel, que es el amor propio.

Eres muy poderoso. El poder lo tienes dentro de ti para crear el tipo de mundo en el que quieres que todos vivamos.

Tienes el poder de tu mente y tus pensamientos.

Unifica a tu niño interior, a tu adolescente y a tu adulto.

Juntos pueden lograr cualquier objetivo y creando un mundo maravilloso para todos nosotros.

¿Dónde quieres trabajar?.

¿Qué es lo que te hace sentir satisfecho creativamente?.

¿Dónde y cómo quieres vivir?.

Visualiza tu entorno ideal.

Visualiza un mundo como un gran lugar para vivir, donde todos y cada uno vive con dignidad; donde todos son poderosos y se sienten seguros, sin importar de qué raza o nacionalidad son.

Visualiza que a todos los niños del mundo se les atesoran y se les enseña que son personas valiosas.

Visualiza que todo el abuso infantil desaparece.

Visualiza cómo en todas las escuelas utilizan el tiempo que es tan valioso para enseñarles a los niños lo más importante que es cómo amarse así mismos.

También a pensar y usar sus mentes, a relacionarse y ser padres.

Y a cómo manejar el dinero y asegurar sus finanzas.

Visualiza a todos los enfermos recuperando su salud. Que todas las enfermedades sean algo del pasado.

Que los médicos aprenden y enseñan a las personas a mantenerse sanos y vitales.

Que el dolor y el sufrimiento se disuelven y desaparecen.

Visualiza que los hospitales se convierten en apartamentos o lugares para vivir y que se soluciona el problema de todas aquellas personas que viven en la calle.

Que existen muchos empleos disponibles para todos aquellos que necesitan trabajar.

Que en las prisiones se enseñan los beneficios de amarse a uno mismo y se apoyan a los prisioneros y a los guardias, para que aprendan a construir su autoestima y en especial su autovaloración.

Que como consecuencia de esas enseñanzas, al adquirir el grado de libertad, los prisioneros fueron ciudadanos responsables, integrados socialmente y que amaban la vida.

Visualiza a las iglesias que eliminaron el pecado y la culpa de sus enseñanzas y apoyaron a sus miembros a expresar su magnificiencia, y éstos a su vez encontraron su más alto bien.

Que todos los miembros de los gobiernos son personas a las que verdaderamente les importan los ciudadanos y que la justicia y misericordia están disponibles para todos.

Visualiza como desapareció la codicia y cómo la honestidad y el trato justo formaron parte de todos los negocios.

Que los hombres y mujeres están llenos de poder, conviviendo dignamente y al mismo tiempo desaparecieron todos los actos de violencia.

Visualiza el agua pura, la comida nutritiva y el aire limpio.

La lluvia limpia y cuando terminó de llover, las nubes se diluyeron, salió el sol y un arco iris bellísimo. Siente el aire limpio y fresco.

El agua sale de las fuentes naturales y de los lagos.

Aprecia la vegetación exhuberante, los bosques llenos de árboles; las flores, frutas y vegetales en abundancia y disponibles para todos.

Las personas que viven en otros países disfrutan también de esa abundancia y de mucha paz.

Visualiza armonía en toda la humanidad.

Abre tus brazos y corazón. Los juicios y la crítica desaparecieron.

Las fronteras y separaciones también desaparecieron.

Todos somos uno. Verdaderos hermanos y hermanas a los que nos importan los demás.

La hambruna y el sufrimiento de cualquier tipo se eliminaron.

Desde el nacimiento a la muerte vivimos todos en armonía y dignidad.

Observo a nuestra madre tierra, sana y completa.

Los desastres naturales se disipan y la tierra en un suspiro descansa y está en paz.

¿Y qué otras cosas positivas quieres que le sucedan a éste planeta?.

Puedes agregarlas a las anteriores.

Con el solo hecho que visualices todo lo detallado y mantengas esas ideas en tu mente, estás ayudando a crear en cada momento que lo realizas un mundo nuevo.

Estás contribuyendo a crear éste mundo que nos MERECEMOS tener.

Tú eres poderoso.

Tú eres importante.

Tú cuentas.

Atesora a tu niñ@ interior, a tu adolescente y a tu adulto.

Atesórate tú también.

Vive tu sueño, sigue adelante y haz lo que puedas por ti, por tu niñ@ interior y por todos los seres humanos del planeta.

Paz y armonía.

Protección y seguridad.

Salud e integridad.

Abundancia y plenitud.

Todo lo bueno para todos.

Todo el tiempo, ahora y siempre.

Así sea.

¡Bendiciones para la humanidad y la madre tierra!.

Finalmente disponte a salir del estado en que te encuentras, despacio, moviendo todos tus músculos.

Como en todo, <u>la práctica regular te llevará a disciplinar tus pensamientos, con lo que accederás naturalmente a la meditación.</u>

MEDITACIÓN: Tú eres SUFICIENTE.

Con la siguiente meditación que te propongo **empezarás a comprender por qué el miedo al rechazo te hace sentir no suficiente y por qué no tiene sentido elegir el rechazo y sentir que no eres suficiente**.

Anthony J. Robbins, el prestigioso y gran orador motivacional estadounidense, cuenta la experiencia que mantuvo con una joven, a través de la cual expresa también su enriquecedora versión sobre el miedo....

"La mayoría de la gente no vive sus sueños por miedo, damas y caballeros.

Estuve ayer en Columbus-Ohio hablando para un departamento de una empresa de Ohio y una chica joven me saludó, era la que organizó el evento.

Muy talentosa y muy habilidosa. Ella contaba que quería comenzar en un negocio de consultas.

Y le dije: "¿por qué no lo haces?".

Le dije: "tienes las habilidades, no estás aquí porque les gustas. Tú estás aquí porque haces el trabajo y haces que las cosas sean posibles".

Ella vino con todo tipo de ideas, pero finalmente dijo: "creo que no puedo verme haciéndolo, creo que tengo miedo".

El miedo limita tu visión y te baja la autoestima. El miedo es lo que mantiene haciendo a la gente, lo que NO le gusta hacer.

Volé de Columbus (Ohio) a Denver (Colorado) para reunirme con una gran compañía de comunicaciones y la persona que me recogió me dijo que la compañía estaba planeando una reducción de plantilla significativa y que le ofrecían a algunos de sus empleados un plan de retiro temprano y algunos ganarían hasta 300.000 dólares.

Les dijeron: "esta es la última oportunidad que pueden acogerse a esta oferta. Si no lo hacen ahora, cuando hagamos la reducción podrán estar entre los que pierdan su trabajo y todo lo que tendrán será una pobre indemnización".

Y solo el 50% de las personas a las que les correspondían los 300.000 dólares, los cogieron. Los otros tenían miedo de aprovechar la oportunidad. Los otros no podían verse sin su trabajo, no pudieron imaginarse su vida sin su trabajo.

Ésta es la misma razón del por qué hay personas que siguen en relaciones en dónde son abusados, no están felices o se sienten insatisfechos. No pueden verse más allá de esa relación. No pueden verse disfrutando la vida sin esa persona.

Piensan que eso es todo lo que pueden hacer. La misma razón por la que algunas personas se quedan atascadas en cierto nivel en su vida. No pueden ver que las cosas pueden ser mejor para

ellos y creen que eso es todo lo que se merecen y es todo lo que pueden hacer.

Tienen esta idea metida en la cabeza y creen que eso es todo lo que se merecen».

Sanar el miedo al rechazo te abre las puertas a sentirte suficiente y por lo tanto, MERECEDOR de lo mejor en la vida.

Pero como toda transformación, requiere de un proceso, aunque dependiendo de tu involucración, de menor tiempo al que utilizaste en aprender lo que te llevó al estado actual, porque estás siguiendo un MÉTODO TESTADO que te lleva directamente al resultado buscado.

Por lo tanto, has de CONFIAR en el mismo.

En algún momento alguien te rechazó o actuó contigo de forma malévola, que aunque no son verdad, tu mente lo creyó. Con el paso del tiempo reforzaste esa idea y se convirtió en convicción.

Son las conversaciones llenas de palabras negativas, críticas, juicios en tu mente que no son coherentes con tu corazón, las que producen la depresión, la ansiedad, por ejemplo, por más que haya un desbalance químico, éste no aparece de la nada, no es una lotería, no es al azar.

Hay programas inconscientes en conexión con ese diálogo interno que gobiernan tu vida. Haz de tomar la firme e irrevocable decisión de salir de ahí. Ahora puedes elegir de forma diferente, eligiendo otros programas para liberarte de todo dolor, de todo el rechazo.

Cuando crees que no eres suficiente aceptas todo eso que no deseas atrayendo sufrimiento, que otros eligieron por ti.

Verás cuándo, cómo y dónde se creó tu creencia en el rechazo, comprendiendo el por qué de muchas cosas por las que ahora sufres y que hasta ahora no entendías, haciéndote revivir esas heridas de rechazo.

Cuando sabes que ERES SUFICIENTE aceptas todo lo bueno y maravilloso, lo eliges por ti y para ti.

Reconoce cuántas cosas maravillosas has rechazado, has perdido, no has experimentado, por miedo a no ser suficiente, por miedo a ser rechazado.

En éste instante eliges liberarte del miedo al rechazo. Si no lo dejas entrar no puede hacerte daño. Si no lo tomas no será tuyo y por eso no puede afectarte.

No puedes evitar que otros seres humanos te digan o hagan acciones malas, pero puedes elegir que todo ello no te hiera.

Cuando liberes tu miedo al rechazo, tu miedo a no ser suficiente, te liberarás de patrones mentales y enfermedades y tu vida será armoniosa.

No tienes nada de qué preocuparte, porque tu mente hará lo que deba hacer para liberarse, irá donde tenga que ir con la información necesaria.

Empezamos pues con la meditación...

Es recomendable que uses prendas y zapatos cómodos que no te presionen.

Procura que el ambiente sea el adecuado, que no haya interrupciones, que nada ni nadie te perturbe durante la meditación, teniendo en cuenta que te llevará unos 20 minutos.

Cuanto más practiques, más fácil te será entrar en el estado de meditación. Es un hábito como otro cualquiera que se aprende por repetición. La práctica enseña a la práctica.

Acuéstate o siéntate en una posición cómoda.

Presta atención a tu RESPIRACIÓN y relaja todo tu cuerpo. Ojos cerrados o semicerrados. Separa las manos del cuerpo, que estén a lo largo del mismo y pies separados.

Haz unas cuantas respiraciones suaves y profundas, sin sobreesforzarte, inspirando por la nariz y dirigiendo mentalmente el aire por la garganta hasta tus pulmones y abdomen.

No retengas el aire, deja que salga natural y serenamente, hasta que no quede nada dentro.

Siente una actitud mental positiva.

Tu cuerpo cada vez está más y más relajado, suelto, caído y pesado, a la vez que únicamente te centras en la entrada y salida del aire por la nariz.

Puedes hacer un recorrido mental por todo tu cuerpo para ir aflojando tu musculatura, órganos y tejidos cada vez más y más...

Ahora estás profundamente relajado...

Vete atrás en tu vida, a tu infancia...

Sitúate en la casa de tu infancia, cuando tenías entre 2 y 8 años. Si viviste en varias, no te preocupes y suelta. Debido a su importancia en éste proceso, tu mente te llevará a ella guiada por tu alma.

Estás en frente de la casa de tu infancia en cuestión. Obsérvala...

Ahora estás entrando en la misma, avanzas y te detienes delante de la habitación donde dormías de pequeñ@.

Tú conoces muy bien a ese niño o niña y tienes una gran afinidad con él o ella. Y él o ella sabe que tú estás allí como adult@ y tiene una gran afinidad contigo también, porque es tu niñ@ interior.

Abres la puerta de la habitación, penetras en la misma y te sientas en la cama de tu infancia, junto a ese niño o niña que fuiste, y que sabe tú estás allí como adult@.

Hazle algunas preguntas a es@ niñ@. Las respuestas vendrán a tu mente natural y serenamente.

Pregúntale primero:

¿Eres feliz o infeliz?.

(Las preguntas que planteas a tu niñ@ interior te enfocan en el momento pasado que queremos recordar. Recuerda no forzar las respuestas que llegan rápidamente a tu mente)

Pregúntale ahora:

¿Quién te ama?.

A continuación formúlale las siguientes preguntas, para hacerle sentir que es dign@ de ser amad@:

¿Te sientes dign@ de ser amad@?

¿Quién o quienes viven contigo?
(padres, hermanos, abuelos, resto de familia, etc.)

¿A qué se dedican?

(en el sentido de hacerle sentir que es digno de ser amad@)

¿quién te está rechazando?

(también el rechazo puede provenir de otr@s niñ@s del colegio o residentes en la zona)

¿qué hacen o no hacen para rechazarte?

¿qué palabras te dijeron para que te sintieras rechazado?:

(simplemente oye y/o siente lo que él o ella oyó y/o sintió; tranquil@, no fuerces la respuesta, tu niñ@ interior te responderá claramente y con total honestidad

te llegarán palabras que te decían terceras personas tales como...

que no eras suficientemente inteligente...

que no eras suficientemente bell@...

que no eras suficientemente atractiv@...

que no tenías lo que otros niñ@s tenían...)

Ahora tu mente te lleva más hacia atrás en el tiempo, cuando eras aún más pequeñ@, donde está el origen o raíz de la creencia de sentirte rechazado...

> **"Esos momentos tuvieron todo que ver con tu percepción actual de que la gente te rechaza. Ahí comenzaste a creer que la gente podía rechazarte, naciendo tu miedo al rechazo"**

(Recuerda que las preguntas que planteas a tu niñ@ interior te enfocan en el momento pasado que queremos recordar; y de no forzar las respuestas que llegan rápidamente a tu mente; ella entiende y sabe exactamente cómo, cuándo, dónde y por qué tuviste esos sentimientos de rechazo).

Pregúntale a tu niñ@ interior:

¿Qué edad tienes?

¿Qué estás viendo, haciendo, sintiendo...?

¿Qué está pasando?

¿Quién está contigo?

¿Qué estás experimentando?

Abrázale, cógele de la mano y llévale contigo a la casa donde vives ahora, donde no hay gente que l@ va a rechazar o a herir.

Ya no irá a una escuela con maestros o compañer@s críticos con el/ella, pero aún si se comportan mal, ya tiene el poder y la libertad de elegir no seguir allí a diferencia de aquéllas del pasado en las que permaneció.

Sube de nivel a tu niñ@ interior, ahora VA A ESTAR A SALVO. Muéstrale tus amigos, tus cosas, tus logros, tus éxitos, tus

alegrías... No las tenías cuando eras más pequeñ@, pero están disponibles ahora.

Recuerda todos los sueños que tenías de pequeñ@. Sostén en tus brazos a es@ niñ@ y dile que serás un padre o una madre amorosa para el/ella, que está a salvo contigo, que siempre tendrás tiempo para el/ella, escuchándol@ siempre y que no habrá nada que no puedan lograr juntos.

Muéstrale tu mundo, tus amigos, tus éxitos, incluso si no los has logrado, te estás moviendo hacia ellos. Eleva a tu niñ@ interior a un nuevo nivel ahora mismo y dile todas las cosas que tú querías escuchar.

Empieza por decirle: "eres un/a niñ@ tan genial, eres dign@ de recibir todo el amor del mundo, soy tan afortunad@ de conocerte, eres tan dulce, eres tan inteligente, eres tan hermos@, eres maravillos@, encontrarás a mucha gente que te ame porque eres dign@ de amor y una excelente persona, por lo que nadie podrá rechazarte.

Añade todo lo que desearías escuchar...

Dile a tu niñ@ interior:

"Aún si crees que tus padres no te esperaban, de todas formas, alguien quizo que estuvieras aquí, alguien quizás tuvo que reunir un dinero o hacer cualquier otra cosa para que nacieras.

Eres un regalo del universo, que quería estuvieras aquí y te apoya 1000% y no puedes ser rechazad@.

Por lo tanto, elige no dejar entrar esas críticas y esos juicios de falso rechazo hacia ti.

Escucha lo que estoy tratando que comprendas. Mis palabras están teniendo un impacto masivo en ti ahora mismo.

Las personas que critican son a su vez muy críticas con ellas mismas, no se aman, y critican a las demás personas para que éstas se sientan como ellas.

Pero tú te estás convirtiendo en un experto en alabarte a ti mismo todo el tiempo.

Cada día te dirás cada vez más que eres dign@ de ser amad@, que eres maravillos@, que es imposible te rechacen porque te aceptas, crees en ti mismo, te valoras, en definitiva te amas".

Con esa disciplina constante de alabanzas hacia ti, tu autoimagen y autoestima irán siempre hacia arriba.

Y que traerá como consecuencia un aumento de la percepción de otras personas sobre tu valor e imagen.

Instala a tu nin@ interior en tu hogar. Si tienes hij@s, haz que sea parte de la familia y que sienta el amor que sientes por tus hij@s.

Si vives con tus padres invita a tu niñ@ interior a que sienta su amor.

Y si vives sol@ está bien, porque recuerda estás convirtiéndote en el padre o madre de tu niñ@ interior y nadie puede hacer éste trabajo mejor que tú.

Éste niñ@ vive ahora contigo y cada día, mientras que realizas tus tareas diarias más sencillas (de casa, conducir tu auto, ir al supermercado, ir al trabajo...), te dirás:

"Ya no soy un niñ@, ya no vivo en ese lugar, no puedo ser rechazado (porque es una verdad que nadie puede rechazarte al menos que le des permiso).

Me siento importante, significativo, amado, por lo que no puedo ser rechazado.

Doy y recibo amor".

Todos esos miedos de ser rechazado van desapareciendo. Todo lo que ha hecho que te sientas rechazado está fuera de tu vida. Está en el pasado, es algo que solías tener y ya no puede afectarte desde ahora.

Imagina ahora a todas esas personas que te rechazaron, tus padres, resto de familia, amig@s, compañer@s, etc. que en tu casa te dicen:

"Que ser más asombros@ eres, quiero abrazarte, porque te amo; quiero estar a tu lado, compartir momentos, quiero ser el ser humano más valioso para ti"

Cuando eras niñ@ querías oir que te amaban, ahora que eres un adulto, sabes que solo te rodean personas que te empoderan.

Alguien puede decirte algo desagradable, pero en ese momento puedes contestarle:

"Gracias por compartir".

Porque es solo su opinión, no tienes por qué dejarlo entrar.

Realmente te gustas a ti mismo y por ello le gustas a otras personas todos los días.

Vas de logro en logro. Te alabas y las personas también te alaban. Crees en ti mismo, aumentando tu automerecimiento y amor propio masivamente.

Ciertas personas pudieron decirte cosas horribles, pero tuvieron un mal día.

Tus padres te hirieron, porque probablemente tuvieron padres que les hirieron también.

Si tus padres y tus herman@s no te amaron fue porque no pudieron ver el maravilloso ser que eras, porque ellos veían en ti lo que llevaban dentro.

Pero lo importante es que tú sí puedes ver el maravilloso ser que eres.

Tú estás mejorando, eres una persona amorosa, te gustas y crees en ti.

Imagina que todas esas personas quieren ahora ser tus amig@s.

Tus padres reconocen la persona maravillosa que eres.

Las personas que te anularon ahora quieren amarte.

Por muy horrible que fuera tu infancia, ahora puedes cambiar las escenas.

No tienes que recibir las críticas y juicios de otras personas. Quizás han tenido un mal día.

Pero tú estás teniendo un gran día, porque te alabas, crees en ti y no puedes ser rechazado.

La opinión más importante es la tuya.

Ahora puedes comprender que el pasado te afectó, pero comprende también lo poderos@, talentos@ y hermos@ que eres, por lo que ya no es necesario que recuerdes lo que sufriste en el pasado nunca más.

Dite a ti mismo siempre:

Me acepto.

Soy dign@ de amor y me veo como un ser dign@ de ser amad@.

Doy amor fácilmente e igualmente lo acepto.

Nunca más podrás ser rechazado, porque para que ello suceda tendrías que darle a la otra persona todo tu poder.

Si alguna vez regresase algún recuerdo desagradable del pasado, se autoconsciente de las mismas y dite que ya no te pertenecen, que ya tú no eres esa persona.

El rechazo no puede ser parte de ti si no lo dejas entrar.

A la vez, repítete las frases sanadoras de arriba. No dejes de hacerlo nunca.

¡Has hecho un grandioso trabajo. Te lo merecías!.

¡Ahora estás en el camino de seguir elevándote hasta ser tu mejor versión como ser humano. Lo que siempre estuviste destinad@ a ser!.

¡¡¡Sin lugar a dudas lo lograrás!!!

INSOMNIO.

Amado ser humano. Si estás afectado de insomnio has de saber que deriva de miedos, culpa, y pensamientos negativos.

Se trata de desconfianza en el proceso y fluir de la vida. El afectado de insomnio siente angustia, miedo de la vida y falta de confianza en el proceso de la vida. Sufre resistencias y falta de fluidez. Además, apatía y resistencia a sentir, porque no le agrada lo que ve y siente.

La incapacidad de dormir corresponde a un profundo miedo a abandonarse y soltarse. Vive en inseguridad y quiere tener el control sobre todo de lo que sucede en su vida.

Sin embargo, cuando se duerme, las facultades mentales duermen también y se siente más vulnerable, porque sus sentidos están más alertas y abiertos a lo desconocido. Suele ocupar su mente con todo tipo de ideas, todo tipo de situaciones, incluso ficticias e inventadas, impidiendo que le gane el sueño.

Su vida está coloreada con la tensión, la ansiedad, la culpabilidad y a veces, incluso, cierta paranoia.

Puede sentir que su supervivencia ya ha sido amenazada en cierto modo (robo, violación, ...).

Es como si muriese cada vez que se duerme y ésto despierta temores a lo desconocido de la noche en particular.

El insomnio puede estar fuertemente relacionado con la culpabilidad consciente o inconsciente. Por un motivo u otro, el afectado puede tener la sensación de que "no se merece descansar".

Quizás porque se siente culpable de no tener éxito en la vida, no hacer todo lo necesario para sus hijos, pareja, ... hasta el

punto de estar programado con que "dormir es una pérdida de tiempo".

La glándula del timo está estrechamente vinculada al sueño y con la energía del corazón.

El insomnio puede estar vinculado a la aptitud de amarse, a hacer confianza al amor y a la vida.

En las manos del afectado está el aprender a relajarse y a soltar el control para dejar que el sueño recupere el lugar en su vida.

Debe EVITAR cualquier tipo de noticias (más antes de acostarse), las discusiones o riñas, ver una película de miedo o ciencia ficción, leer cualquier libro de terror o guerra y escuchar canciones estridentes o que alteren el cerebro.

<u>Repetir el mantra de abajo antes de acostarse</u> le dará PAZ a su mente. El mensaje va directo al subconsciente, que trabajará toda la noche con él. Puede grabarse en el celular o móvil y quedarse dormid@ escuchándolo.

"Descanso en la seguridad y en la paz. Un gran silencio me envuelve y una gran calma aquieta todo mi ser, pues me doy cuenta que la presencia divina está dentro de mí".

También el afectado puede optar, tras escuchar unos minutos el anterior mantra, <u>por relajarse, tal y como lo describí al comienzo de las meditaciones anteriores, y luego quedarse dormido recitando las frases de abajo</u>:

"Sé que la realización y el amor de la vida me socorren. Me sumerjo en el océano de amor y caigo dormido lleno de buena voluntad hacia todos. Toda la paz nocturna permanece conmigo y por la mañana estaré lleno de vida y amor".

LA GRAN CAUSALIDAD

Amado ser humano. Pensaba en despedirme de ti, tras haber concluido éste manual, no sin antes **recordarte que has de leerlo, releerlo, subrayarlo y aplicar en tu vida cotidiana lo que se recoge en el mismo, en definitiva, estudiarlo.** Porque es la única manera de que logres SUPERAR tus miedos.

Pero la Creación me ha otorgado **la gran causalidad**, y privilegio a la vez, de narrarte en primicia el TRANSCENDENTAL momento por el que está pasando la humanidad, mientras escribo éstas páginas a finales de Marzo 2.020.

<u>Algo sin precedentes en la historia del planeta</u> y que **debo exponer obligatoriamente**, porque se deben SUPERAR los MIEDOS, objetivo de éste libro, que generó tal situación.

Se acabaron los miedos. Es momento de que tengas más FE Y ENTUSIASMO que nunca, y más con la información y herramientas que has visto en éste libro, amado ser humano.

Recordarás perfectamente éstos momentos, y serás CONSCIENTE cómo a buen seguro la humanidad SUPERÓ EL MIEDO.

Tengo una FE total de que así será, porque en el momento presente la situación se acaba de iniciar.

En el próximo capítulo profundizo en ello...

¡¡¡Será un antes y un después en la historia de la humanidad!!!

CAPÍTULO 4

UN ANTES Y UN DESPUÉS EN LA HISTORIA DE LA HUMANIDAD

Ahora entiendo el por qué mi alma, en una madrugada a comienzos de Enero (2.020) y mientras dormía, me transmitió que debía escribir éste libro, meses antes de que fuera consciente de éste acontecimiento mundial, que me apresuro a comentar.

Tenía planificado escribir otro sobre sanación y a continuación éste, como quinto libro, pero me dejé guiar y cambié el orden.

Porque todo es causal, y así se ha demostrado. Debía AYUDAR a millones de seres humanos, con lo que siempre se demandó, SUPERAR miedos.

Pero más en éste momento donde ha aumentado bastante. Comprender, para luego enfrentar el mucho miedo reinante en la sociedad, lamentablemente infundado.

El Creador siempre va muy por delante, revelándonos los pasos que debemos dar, porque quiere lo mejor para sus hijos. Nos ama y sólo hemos de estar atentos a nuestras intuiciones, tomando acción luego. Por lo tanto, **todo en la vida sucede para nuestro bien, y más en éstos momentos.**

Te presento algunas de las destacadas y espectaculares voces, llenas de luz y gallardía. Han expresado abiertamente e impactado al mundo con su versión de lo que acontece, en la habitual línea maestra con la que destacan en sus respectivos campos.

Infunden **claridad, aliento, valentía, esperanza y fe,** a la vez que con sus intervenciones **inspiran y despiertan al ser humano.**

Todos coinciden al final en otorgar un similar significado de falsa pandemia al fenómeno mundial que está sucediendo, y que gira sobre la aparición y supuesta propagación misteriosa de un virus denominado covid-19.

Amado ser humano, <u>conforme las sucesivas personalidades vayan interviniendo, irás comprendiendo cada vez mejor todo lo que se esconde detrás de ésta farsa.</u>

La primera destacada sobre el tema que nos ocupa, fue la del **escritor, conferencista e investigador británico y que goza de gran confianza en el mundo, David Icke.**

Sus valientes y contundentes palabras, donde **defiende que el covid-19 es una conspiración, hicieron tambalear al sistema, hasta el punto que sus cuentas fueron retiradas de youtube y facebook, a pesar de que millones de seres humanos estaban interesados en ellas.**

En una entrevista del London Real, realizada por Brian Rose, el investigador nacido hace 67 años en Leicester, Inglaterra, habló sobre varias cuestiones respecto de la incierta realidad que se está viviendo en más de 180 países, producto del covid-19.

David Icke comienza la entrevista resaltando que "aquellos virólogos, doctores y especialistas que piensan como él jamás podrán acercarse a las grandes cadenas de comunicación porque destruirían la historia oficial de este gran engaño", como califica a la persistente percepción de esta pandemia.

<u>"No existe el covid-19"</u>

Con este impactante título David explica su teoría sobre qué es lo que realmente está ocurriendo en el mundo y, según su visión, decidieron llamar covid-19, para encubrirla en forma de un virus.

Señala que estuvo siguiendo al doctor Andrew J. Kaufman, de Nueva York, para poder entender mejor los eventos que estaban ocurriendo con el nuevo coronavirus.

Icke detalla que en China las personas comenzaron a enfermarse por una razón realmente desconocida, ya que allí desde siempre han consumido los mismos animales exóticos, por lo cual las autoridades gubernamentales decidieron tomar material genético de los pulmones de la gente enferma y estudiarlo.

Con los resultados, lo único que encontraron fue material genético simple, pero no con un virus aislado; por lo que ese tipo de material, según detalló, puede estar allí por una larga lista de causas, incluido el cáncer de pulmón.

"Como no encontraban la causa, decidieron decir que se trataba de un virus y le dieron el nombre de covid-19. Pero en ningún momento aislaron el virus del material genético", acentúa el británico.

Así, David habló del test que detecta la enfermedad, indicando que en realidad este sistema de detección lo que realmente hace es encontrar material genético compatible con lo elaborado y no específicamente lo que se llama covid-19, por lo que el resultado positivo podría ser por muchas causas.

Y detalla que el test inventado por el bioquímico estadounidense Kary Mullis en 1983 es utilizado para detectar cáncer de pulmón, aunque ahora se lo utiliza para detectar el coronavirus.

Lo curioso que detalla el escritor es que, al dar a conocer los test, Kary Mullis, ganador del Nobel de Química y que falleció en 2019, expresó que "el test no debe ser utilizado para diagnosticar enfermedades infecciosas".

¿Mal inventado?

David Icke afirma tajantemente que las muertes plasmadas a causa del covid-19 son inventadas. No los decesos en sí, pero sí el motivo que las provocó. Al hablar de los números de fallecidos que había observado en Europa y Reino Unido menciona que no habían subido, comparados con el año pasado, a la extensión que comienza a conglomerar a todas las personas que su informe médico detalla que han muerto a causa de los diferentes coronavirus.

"No está muriendo mucha más gente, simplemente se la está reasignando como muertos por covid-19", enfatiza David.

Y amplía: "hay una razón muy simple y a la vez muy grande", que se relaciona con el aislamiento de las personas, porque piensa que "la situación de cuarentena va a termina de forma temporal, cuando el objetivo se haya logrado".

Golpe económico.

"Cuando los poderosos crean que llegaron al punto deseado por ellos -una economía global brutalmente destruida, con mucha gente que haya perdido su manera independiente de ganarse la vida para de esta forma tener que depender de los Estados y, por lo tanto, tener que hacer todo lo que quieran esos Estados si es que quieren cobrar cada mes-, entonces", en la visión de Icke, "los números del covid-19 bajarán y dirán que todo ha terminado".

Un verdadero golpe económico que, a la luz de cómo se está produciendo todo en el mundo y en nuestro país, generaría un colapso mayoritario en las economías empresariales y de los bolsillos de cada habitante, todos afectados por el parate.

Entra en escena el 5G.

En este contexto, David Icke opina en detalle que "las autoridades del poder real mundial controlan las cifras y las relacionan, de otra manera, al 5G, la próxima banda que se instalará en nuestros dispositivos comunicacionales".

Y, sorprendentemente, hizo hincapié en que, "en cuestión de varias semanas, algo más de tres meses, se ha cambiado lo que se percibía como un mundo libre, para pasar", siempre según su visión, "al fascismo global.

A una tiranía mundial donde un grupo muy pequeño de personas (¿chinos?; ¿yanquis?, ¿rusos?, ¿quizás una conjunción mixta?) tiene a billones controlados, a la mitad de la población mundial bajo arresto domiciliario. Todo a partir del covid-19".

El Culto.

Según David Icke, esto funciona con "El Culto", que para el escritor no es otra cosa que una gran pirámide de poder, que describe que en lo más alto se encuentra un círculo íntimo (y muy poderoso, algo así como el siempre descriptivo "círculo rojo" que dirige todo).

Mientras que, según se va bajando en los niveles, se encuentra muchísima gente y (todos ellos) tienen cada vez un peso menos significante.

"Ésta es la única forma en que unos pocos pueden manipular al mundo, y la forma en que lo hacen es por medio de un proceso de compartimentación y que genera una contribución individual, en desmedro de lo masivo".

Visión muy particular.

Según detalla David en la entrevista, "los más poderosos (los de más arriba de la pirámide, en su traducción del inglés) les indican a los médicos que cuando alguien ingrese a los hospitales con algún síntoma similar al virus y fallezca, en su acta de defunción deben detallar que fue por el covid-19".

El escritor cree que "todo esto del aislamiento es una farsa que está orquestando éste culto para llegar a su objetivo", enfatiza, pero sin determinar quiénes son esos poderosos personajes:

¿Los iluminati?.

¿Una secta global que manipula a los gobiernos mundiales?.

¿Los líderes de las potencias mundiales, complotados en un mismo rumbo o con un mismo fin?.

Especulaciones se pueden hacer muchas. David no profundiza mucho sobre quién se trata, pero sí relaciona directamente a la nueva red de fuente energética que se viene.

El enigmático 5G, que ya desde hace tiempo ha desatado una batalla por su supremacía entre Estados Unidos y China, con Rusia y Europa como potenciales testigos de segundo orden. Pero esa es la segunda parte de la trama que entreteje David Icke.

Red 5G: El virus real.

Desde hace tiempo se sabe que la llamada 5G es una fuente tremendamente poderosa de energía electromagnética que nunca antes se había alcanzado o conocido.

Es que no se trata de un simple salto del 4G a una nueva red (que ya de por sí es malo por la carga energética que produce en cada uno de nosotros).

David Icke señala que "se trata de una nueva gama en el espectro electromagnético, de ondas métricas, y muchísimo más poderoso que nada que ya se haya visto antes.

El ser humano tiene niveles de organismos eléctricos electromagnéticos y cuando ese campo está equilibrado estamos sanos", resalta el británico.

"Ahora bien, si ese equilibrio se pierde, desaparece la armonía y se manifiesta con enfermedades físicas y psicológicas porque el trabajo que realiza el cerebro para procesar la información se ve afectado.

Se sabe que durante años, con las nuevas tecnologías, el género humano viene siendo bombardeado las 24 horas del día por diversas redes, como Wi-Fi y los campos que generan las nuevas tecnologías".

"El 5G se introdujo, luego de años de desarrollo, en países tecnológicamente avanzados en las ciencias en 2019, a pesar de que muchos doctores, investigadores y científicos pidieran que se detuviera esta tecnología.

Debido a que no había sido testeada y nunca midieron cuál es su impacto en la salud humana, en especial en el aspecto psicológico".

"Aun así, nunca realizaron los test pertinentes, porque, si esto sucedía, jamás hubiese estado permitida la instalación de las antenas. Toda esta red la maneja El Culto (un minúsculo espacio de poder, según el inglés, que insiste en la denominación)".

Al presentar su teoría sobre las redes 5G y la segregación de exosomas en el cuerpo humano, componentes que detectan los test de covid-19 para dar positivo, entonces Icke se pregunta, lacónicamente: "¿Dónde fue la primera ciudad que se desplegó el 5G antes de que el virus apareciera? Wuhan es la respuesta".

Y acusa que "durante el confinamiento, en varios países las antenas de esta superred siguen siendo instaladas a gran velocidad.

Las millones de antenas que se instalarán en América están conectadas a través de de campos electromagnéticos con los satélites del espacio (muchísimos lanzados por el millonario yanqui Elon Musk), entonces, ¿qué es lo que están creando?".

Para David Icke, "se trata de una subrealidad tecnológica de 5G, a la cual", el investigador afirma que "la llaman la rejilla inteligente. La manipulación El 5G a 60Ghz hace que la sangre del cuerpo humano no pueda absorber oxígeno.

Si a alguien lo golpean 60 gigahercios de frecuencia, no será capaz de absorber suficiente oxígeno, colapsará en el medio de cualquier calle y esos síntomas son exactamente lo que un doctor de Nueva Zelanda describió cuando vio a un paciente con el supuesto covid-19 cayéndose redondo en Wuhan".

<u>De morgues y vacunas.</u>

"Están construyendo morgues en los estadios de fútbol en muchos países preparándose para que mucha gente muera, y esto no encaja". Entonces, David razona:

"Debemos vigilar ésto, porque lo que están haciendo, por eso ponen las torres de 5G en todas partes y los satélites, es que cuanto más instalaciones realicen, más van a impactar en la salud de las personas. Al ocurrir esto, habrá más muertes por no poder absorber oxígeno y dirán que se trata del coronavirus".

Con toda ésta teoría conspirativa en ciernes, David Icke enfatiza que "están buscando instalar nanochips en las personas para poder manejar a toda la humanidad y que esta responda directamente a un poder y no se rebele".

¿Y cómo se puede instalar un chip o varios en las personas sin que esta se niegue? Para el inglés, no quedan dudas, "será a tra-

vés de una vacuna. Esa es la gran respuesta. Estos nanochips, más diminutos aún que el mismo virus, se introducirán en el cuerpo y actuarán como antenas para los satélites".

"De ahí la pandemia, y éste "detener" a una enorme porción de la humanidad. No solo quieren vacunar a todo el mundo, sino también desarrollar un tatuaje cuántico para que se pueda detectar digitalmente si está vacunado o no".

En la siguiente magistral y clara declaración, **el doctor Erikson, de California (EEUU), desconfía y pone en entredicho las ventajas del confinamiento impuesto por la mayoria de países, en un video que rebasó rápidamente el millón de visitas en internet** y cuya transcripción es la siguiente:

"Como el covid se ha convertido en lo importante, la gente con cardiopatías, cáncer, hipertensión y otras cosas graves no vienen al hospital porque tienen miedo.

La gente dice: ¡no quiero ir al médico, ¿y si cojo el covid?!.

Nueva York ha salido mucho en los medios. El 39% de los neoyorkinos testó positivo en covid-19. Hay un 0,1% de posibilidades de morir de covid en el estado de Nueva York, teniendo una tasa de recuperación del 92%.

¿Eso requiere confinamiento?.

¿Eso requiere que la gente deje de ir a trabajar?.

EEUU: ésto es importante para nosotros.

64 millones es una cantidad significativa de personas con covid. Es similar a la gripe. Si estudias las cifras de 2017 y 2018, tuvimos de 50

a 60 millones con la gripe, y con una mortandad similar también. Las muertes en EEUU son 43.545, similar a la gripe de 2017 y 2018. Siempre tenemos entre 37 mil y 60 mil muertes en EEUU.

No se habla de pandemia, no hay confinamiento, no se cierran los negocios.

Quiero comparar a EEUU con España, porque España es el número 2 en la carrera de mayor cantidad de casos, que no es una carrera que queramos ganar.

El 22% de los testados dieron positivo en España, con una población de 47 millones.

Eso equivale a 10 millones de casos si extrapolamos los datos, como hemos hecho con cada Estado.

¿Cuántos han muerto en España?: 21.282 de 47 millones.

Un ciudadano español tiene una posibilidad de morir de covid del 0,05%, y un 90% de posibilidades de recuperarse.

Cuando montas un sistema de confinamiento, automáticamente tienes que compararlo con un sistema de no confinamiento.

Pongamos los casos de Suecia y Noruega.

Noruega se ha confinado, Suecia no.

¿Qué ha pasado en esos dos países?.

Unos 2 millones de casos de covid se contabilizan en Suecia. Llevan mascarillas, pero se separan. Han ido al colegio y sus tiendas estaban abiertas. Llevan una vida cotidiana casi normal, con algo de distanciamiento social.

¿Cuántos fallecimientos han tenido?: 1.765.

En Noruega en cambio existen aproximadamente 1,3 millones de casos, con solo 182 fallecimientos, pero estadísticamente insignificante con respecto al número de fallecidos en Suecia.

Entonces se comprueba que no es estadísticamente significativo si estás confinado o no.

¿Entonces, por qué se ordena el confinamiento?.

¿Cuáles son las consecuencias del aislamiento social?.

Abuso infantil. Aumenta debido a familiares enfadados al hallarse intoxicados, en casa y sin salario.

Violencia doméstica. Recibimos a personas que llegan con ojos morados y cortes en la cara.

Alcoholismo, ansiedad, depresión, suicidio, y otras.

Abandono escolar, hundimiento económico...

Todo lo mencionado son hechos reales que observo diariamente. Quiero decir que no es que lo lea, lo compruebo en mis clínicas.

Y luego éstas consecuencias afectarán a la gente durante toda su vida, no una temporada.

Ahora me gustaría comentar aspectos muy importantes referentes al sistema inmunitario.

El sistema inmunitario se contruye mediante exposición a antígenos: virus y bacterias.

Cuando les dices a los seres humanos métete en casa, limpia todas tus encimeras, desinféctalas, matarás al 99% de virus y bacterias.

Ponte mascarilla, no salgas... ¿qué le pasa a nuestro sistema inmunitario?.

Nuestro sistema inmunitario está acostumbrado a tocar. Cuando se deja de hacerlo, el sistema inmunitario baja.

Si te confinas, el sistema inmunitario baja, pero si te confinas durante meses, baja más.

Por lo tanto, confinarse disminuye el sistema inmunitario.

Y cuando todos salgamos del confinamiento, con un sistema inmunitario más bajo, y empecemos a intercambiarnos con virus y bacterias, ¿qué crees que pasará?.

Pues las enfermedades repuntarán.

Hagamos caso a la ciencia. Esto es inmunología y microbiología.

¿La gripe es menos peligrosa que el covid?.

Si miramos las tasas de mortalidad, no lo es. Son similares en frecuencia y mortalidad.

Por eso decimos que nuestra respuesta, ahora que conocemos los datos que es hora de volver al trabajo. Es hora de testar a la gente.

Tanto la gripe como el covid matan. El resto desarrollamos inmunidad de grupo. La habilidad de tener el virus y vencerlo.

Normalmente pones en cuarentena a los enfermos. Cuando alguien ha contraido el sarampión, lo pones en cuarentena.

Nunca hemos visto poner en cuarentena a los sanos. Coger a los que no tienen la enfermedad, ni los sítomas, y confinarlos en casa.

Puedes ir al super y comprar con gente, y seguramente hay 200 personas, pero te prohíben ir a una cafetería. O sea, que los grandes negocios están abiertos, pero los pequeños no.

No hay razón científica que lo apoye.

¿Por qué no puedes ir al parque y pasear, pero puedes ir a una gran superficie y nadie lleva mascarilla?. No tiene sentido.

Está bien ir al super, pero no a la iglesia.

¿Ves la falta de coherencia?.

Desde una perspectiva microbiológica e inmunológica, no tiene sentido.

Si quieres aislar a las personas debes cerrarlo todo, de lo contrario es como se transmiten las bacterias.

Cuando te obligan comprar con mascarillas y guantes no sirve de nada, porque las bacterias están por todas partes, incluso en el exterior de tales objetos, los tocas antes y después de ponértelos, también después de días...

Nada de éstas normas que imponen tiene sentido.

¿Todavía necesitamos confinarnos?. Claramente no.

¿Los negocios necesitan están cerrados?. Igualmente de claro, no.

¿Necesitamos testar a la gente y que vuelva a trabajar?. Nuestra respuesta es que sí, y si no tienes síntomas deberías poder volver a trabajar.

Creo que necesitamos reabrir las escuelas y que los niños comiencen a recuperar su sistema inmunitario.

Tratemos ésto como la gripe. Es decir, si la has contraido, pero tienes fiebre o te duele el cuerpo, quédate en casa".

En la misma dirección, pero con un análisis más profundo, se muestra **Antonio F. Muro, importante periodista especializado en temas de salud**.

Su brillante investigación queda plasmada en la publicación que titula "el sinsentido de las medidas gubernamentales ante el covid-19" de la prestigiosa revista Discovery Dsalud.

Los gobiernos de casi todo el mundo han adoptado medidas para afrontar la pandemia que falsamente dicen asola al mundo y se achaca aun coronavirus bautizado como SARS-CoV-2.

Esas medidas no solo no han resuelto el presunto problema, sino que han llevado a muchos países a graves problemas económicos (algunos como España están al borde de la quiebra).

A millones de personas y empresarios al paro o a la ruina, a decenas de millones de niños y adolescentes a ver meguada su formación y a mucha gente a padecer situaciones que en algunos casos les hacen pensar en el suicidio.

Lo grotesco es que los fríos datos demuestran que los muertos en España son similares a los de años precedentes, que la mayor par-

te de lasa medidas adoptadas han sido contraproducentes y que el confinamiento de la población ha sido un gigantesco error.

Según los datos oficiales del ministerio de sanidad en España, a fecha de 19 de Mayo (2.020) habían 231.606 "contagiados" y 27.709 fallecidos (fuentes no oficiales hablan de más de 40 mil), lo que indicaría una tasa de mortalidad del 11,96%, cifra muy alta.

El Instituto de Salud Carlos lll, órgano oficial dependiente del ministerio de sanidad español, ha extrapolado sin embargo los datos a toda la población y calcula que el número de "contagiados" sería de 2,3 millones.

Pues bien, aún admitiendo que el número de fallecidos fuera de casi el doble (unos 50 mil), porque contáramos a los que murieron en las residencias, con o sin test, y en sus casas, el porcentaje bajaría al 2,1%.

Una cifra más creíble que coincide con la ofrecida por el trabajo "Probabilidad de supervivencia de la enfermedad por coronavirus 2.019".

Publicado en The Lancet Infectious Diseases, según el cual la tasa de letalidad entre los afectados oscilaría entre el 2 y 3%, muy por debajo de lo que se infirió tras los primeros datos obtenidos en China.

El estudio nacional de sero-epidemiología de la infección por SARS-CoV-2 en España, realizado por el Instituto de Salud Carlos lll, aporta por su parte otro dato.

Solo el 5% de quienes se han sometido al test para detectar inmunoglobulinas G (IgG) han dado positivo y serían pues los que tendrían anticuerpos, infiriéndose de ello que en algún momento estuvieron infectados de SARS-CoV-2.

Lo cierto, sin embargo, es que las IgG pueden estar presentes por otras infecciones ajenas al coronavirus que dicen ha causado el covid-19, por lo que el porcentaje incluso podría ser menor.

Es un test no específico, aunque se intente hacer creer así, de menor fiabilidad aún que la PCR, y la de ésta prueba es escasa, porque la propia OMS así lo reconoce en su web, contradiciendo al gobierno español.

Es en cualquier caso lo que ha llevado a los "expertos" a inferir que el 95% de los casi 45 millones de españoles no habría entrado en contacto con el coronavirus, y por tanto, la sociedad española estaría lejos de alcanzar la llamada inmunidad de grupo o de rebaño.

Más bien de ésto último, porque eso requiere que al menos tenga anticuerpos el 60% de la población.

Y con tal dato, que, insistimos, no es fiable, el gobierno español ha decidido prolongar el estado de alarma y un confinamiento masivo que ni siquiera la OMS ha propuesto.

Lamentablemente no podemos comparar el <u>porcentaje global</u> de letalidad del presunto SARS-CoV-2 con el del virus de la gripe estacional, porque se ignora cuántas personas se contagian de gripe cada año a nivel nacional. No hay datos.

Si existen en cambio de la mortalidad entre las personas hospitalizadas y según las cifras del sistema de vigilancia de la gripe, **el SARS-CoV-2 es menos letal**.

La tasa de letalidad del virus de la gripe fue del 15,6% en la temportada 2.016-17, del 17,4% en la 2.017-18 y del 17,5% en la 2.018-19, y **la del coronavirus de un 11,9%. ¡Luego el SARS-CoV-2 sería menos letal que el virus de la gripe!**.

¿Y las muertes por ambos virus se producen en los mismos segmentos de población?. La respuesta es afirmativa. <u>En España el 95% de las víctimas mortales tenía en ambos casos más de 60 años, superando la gran mayoría los 80 años. El número de fallecidos con menos de 50 años es ínfimo.</u>

Otro dato común: <u>el 99% tenía enfermedades previas graves.</u>

Y lo mismo pasa en el país europeo que, junto a España, tiene más casos registrados: Italia. Lo ha constatado un reciente estudio realizado por sus autoridades sanitarias titulado "Report sulle caratteristiche dei pazienti deceduti positivi a covid-19 in Italia".

En pocas palabras: según Euro Momo, éste año no hay en el mundo más muertes que en años pasados por la gripe. ¡Pero ésta vez se han colapsado las UCI (unidad de cuidados intensivos)!, alegan algunos.

Cierto, pero por el terror inoculado a la población por la OMS en colaboración con los grandes medios de comunicación. Y aún así cabe recordar que la saturación de las UCI en las temporadas de gripe tiene lugar todos los años, llegándose a veces al colapso.

De hecho, todos los medios se hacen eco de ello año tras año, con titulares tan llamativos como "La gripe colapsa hospitales de media España" (El Mundo); o "Urgencias: entre todos la mataron y ella sola se murió" (eldiario.es).

Siempre con el mismo objetivo: que la gente se asuste y se vacune. Pasa año tras año en España y en otros muchos países. Nada nuevo por tanto.

Un confinamiento injustificado.

En suma, <u>el número de casos graves y muertes por el supuesto SARS-CoV-2 entre las personas de menos de 60 años es muy pequeño y claramente inferior al que provoca la gripe estacional.</u>

¿Puede pues explicarnos alguien por qué se ha confinado a los niños y a la población sana trabajadora?.

En España hay entre los 20 y 60 años, el principal grupo en edad laboral, 26.092.048 personas. Pues bien, hasta el 18 de Mayo (2.020) solo 898 habrían fallecido por el SARS-CoV-2. Y eso representa **el ¡0,003% de los trabajadores!. Cifra que bajo ningún concepto justifica su confinamiento.**

Es más, según el gobierno español, a fecha de 19 de Mayo (2.020), se habían "confirmado" por PCR 231.606 contagiados, unos 48 mil de ellos sanitarios, y 27.709 fallecidos, de los que entre 35 (cifra oficial) y 76 (cifra extraoficial) serían sanitarios.

Admitamos ésta última cifra, ya que es la mayor, pero es que aún así eso indica que habría habido entre los sanitarios 76 muertos entre unos 48 mil contagiados, el 0,15%, y entre los no sanitarios 27.633 fallecidos de 183.600 contagiados, el 15,05%.

Es decir, 100 veces más muertos entre los no sanitarios que entre los sanitarios. La "explicación oficial" es que el 97% de los fallecimientos se produjo entre mayores de 65 años, pero si es así ¿por qué se ha confinado a los menores de esa edad, especialmente a los niños?.

En definitiva, no ha habido una sola justificación médica o sanitaria para que se haya confinado a la mayor parte de la población.

E insistimos en que ni siquiera la OMS propuso tal cosa; se limitó a decir que se vigilara de cerca a las personas de más edad con patologías previas.

Eso indica que las decisiones de confinar a la población tomadas por los gobiernos de todo el mundo no han tenido nunca una justificación sanitaria y obedece a razones de otro tipo, por lo que má vale que averigüemos por qué se ha hecho y quién ha orquestado tal pantomima.

Es más, es el terror creado el que ha hecho que muchas personas murieran en los hospitales ante el colapso, la falta de camas, la no disponibilidad d espacio en las UCI, la falta de equipos e instrumental y la inexistencia de tratamientos adecuados.

De hecho, a muchas personas ancianas se las sedó en ellos directamente para que murieran sin sufrir alegando "falta de medios", en una decisión que puede y debe calificarse de criminal.

Además, otras muchas murieron en las residencias de mayores, porque se les impidió ingresar en los hospitales y no recibieron atención sanitaria en ellas. Eso es lo que relamente ha marcado la diferencia enter ésta crisis y las que producen las gripes estacionales.

El presidente de la Federación empresarial de la dependencia (la patronal de las empresas de residencias de ancianos en España) Ignacio Fernández Cid declararía en "Es la tarde de Dieter", programa radiofónico de esRadio, lo siguiente:

"Los medicamentos que han estado funcionando, que han ido cambiando según los médicos que sabían más del virus, no nos los han enviado y por eso la mortandad ha crecido mucho. No nos daban la medicación correcta, esos medicamentos no nos los han enviado, _pero sí morfina para la sedación_".

El estudio de sero-epidemiología del Instituto de Salud Carlos lll, antes mencionado, desvela además otro dato que las incompetentes autoridades españolas han decidido ignorar:

El porcentaje de infectados entre las personas que estuvieron bajo cuarentena (6,3%) ha sido mayor que el de quienes fueron a trabajar (5,3%).

En suma, el confinamiento no ha tenido nunca justificación. De hecho, los países europeos con más muertes achacadas a la pandemia respecto a su población son San Marino, España, Italia, Reino Unido, Francia y Bélgica.

Precisamente los que impusieron las medidas más restrictivas, aunque en ninguno de ellos tan severas como en España.

Muchos más "contagiados" y "muertos por" que otros como Alemania, Suecia, Japón o Corea del Sur que prefirieron apoyarse en el distanciamiento social; de hecho la OMS alabó a Suecia, poniéndola como modelo ejemplar de lo que había que hacer.

Pero sigamos con los fríos datos del Instituto de Salud Carlos lll y del Instituto Nacional de estadística (INE).

Hemos buscado el número de muertos que ha habido en España por todas las causas en los últimos años y en qué meses se produjeron y resulta que en Abril de éste año (2.020) han sido 50.181 los fallecidos, cuando en Enero de 2.017, durante la época de gripe estacional, murieron 49.370.

Además en Enero 2.005 la cifra fue de 48.801 y en Enero de 2.018 de 47.911. Otros años ha habido pues cifras similares ¡y a nadie se le ocurrió provocar un estado de terror social!.

Si lo que se compara es la mortalidad anual resulta que entre el 1 de Mayo de 2.017 y el 30 de Abril de 2.018 murieron por ejemplo 431.127 personas y entre el 1 de Mayo de 2.019 y el 30 de Abril de 2.020 fallecieron 424.562.

Es decir, el último año ha habido **6.565 muertes menos por todas las causas** a pesar de que oficialmente se asegura que hemos vivido en los cuatro primeros meses de éste año una mortandad como jamás se había visto.

Otra de las farsas de ésta pandemia es que las autoridades y los medios de comunicación hablen de "infectados" o "contagiados" para referirse a quienes han dado "positivo" a test de escasa o nula fiabilidad.

Como igualmente lo es hablar de muertos "por" en lugar de muertos "con". No pueden achacarse al SARS-CoV-2 todas las muertes de quienes dieron positivo a un test, ni siquiera en el caso de que fueran fiables.

El Dr. Sucharit Bhakdi, director del Instituto d microbiología médica de Alemania, envió de hecho el pasado 26 de Marzo (2.020) una carta a la canciller alemana Ángela Merkel recordándoselo:

"Se comete un error en todo el mundo de informar sobre muertes relacionadas con el virus tan pronto como se establece que el virus estaba presente en el momento de la muerte, independientemente de otros factores.

Ésto viola un principio básico en infectología, ya que solo cuando es seguro que un agente ha desempeñado un papel importante en la enfermedad o la muerte se puede hacer un diagnóstico".

LOS MUERTOS EN ESPAÑA SON SIMILARES A LOS DE AÑOS PRECEDENTES, LA MAYOR PARTE DE LAS MEDIDAS ADOPTADAS HAN SIDO CONTRAPRODUCENTES Y EL CONFINAMIENTO DE LA POBLACIÓN UN GIGANTESCO ERROR.

LA TASA DE LETALIDAD DEL VIRUS DE LA GRIPE FUE DEL 15,6% EN LA TEMPORADA 2.016-17, DEL 17,4% EN LA 2.017-18 Y DEL 17,5% EN LA 2.018-19, MIENTRAS QUE LA DEL SARS-CoV-2 ES DEL 11,9%. <u>EL VIRUS QUE HA JUSTIFICADO LA PANDEMIA ES PUES ¡MENOS LETAL QUE EL DE LA GRIPE!.</u>

<u>EL NÚMERO DE CASOS GRAVES Y MUERTES POR EL SUPUESTO SARS-CoV-2 ENTRE LAS PERSONAS DE MENOS DE 60 AÑOS ES MUY PEQUEÑO Y CLARAMENTE INFERIOR AL QUE PROVOCA LA GRIPE ESTACIONAL.</u>

ENTRE EL 1 DE MAYO DE 2.017 Y EL 30 DE ABRIL DE 2.018 MURIERON EN ESPAÑA POR TODAS LAS CAUSAS 431.127 PERSONAS, MIENTRAS ENTRE EL 1 DE MAYO DE 2.019 Y EL 30 DE ABRIL DE 2.020 FALLECIERON 424.562. ES DECIR, <u>¡6.565 MUERTES MENOS QUE EL OTRO PERIODO ANTERIOR!.</u>

Y no es tan fácil "contagiarse".

Las medidas adoptadas para evitar el contagio no están tampoco justificadas médica y sanitariamente. Una de ellas es el uso de mascarillas por parte de la población en general.

La mayor parte de los gobiernos obligan a llevarlas no solo en los transportes masivos, como el metro, autobuses, trenes, aviones y otros, sino en todo lugar público cerrado y hasta en la calle, si no puede repetarse la distancia de dos metros con otros viandantes.

Una decisión manifiestamente caprichosa e injustificada, porque ni la OMS sugiere tal cosa, ya que solo recomienda que se las pongan sanitarios o personas de riesgo, además de quienes tengan síntomas respiratorios o estén cuidando a alguien que los tenga.

De hecho el trabajo "Report of the WHO-China Joint Mission on Coronavirus Disease 2019" (Informe de la misión conjunta OMS-China sobre la enfermedad por coronavirus de 2019) no cree que la propagación aérea del supuesto virus sea importante según las evidencias disponibles.

El propio gobierno británico dice en la web dedicada a asuntos de salud pública que <u>para que una persona infectada con un coronavirus pueda contagiar a alguien</u> **debe haber contacto cercano y sostenido.** Y lo especifica: **"eso significa pasar más de 15 minutos a menos de dos metros de una persona infectada".**

Algo que corroboraría el profesor del departamento de inmunobiología y microbiología de la universidad de Copenhague Allan Randrup Thomsen: "la junta nacional de salud de Dinamarca **considera un contacto relevante estar a menos de dos metros de una persona infectada durante 15 minutos".**

<u>¿Y qué decir del contagio tocando pomos, manijas, puertas, muebles, teclados de ordenador y otros objetos?</u>. Pues que **las evidencias de que eso pueda ser así son en realidad ¡inexitentes!, por lo que el uso de guantes no solo es absurdo, sino incluso contraproducente.**

No se tiene constancia de que algún investigador haya logrado replicar en el laboratorio un virus procedente de una superficie contaminada.

Así lo asevera por ejemplo el virólogo Hendrik Streeck, director del Instituto de virología en el hospital universitario de Bonn (Alemania), que ha estudiado a fondo dónde y cómo comenzó el contagio en su país.

Concluyendo que tras concentraciones masivas, como acaece en los partidos de fútbol o las manifestaciones, los casos sí aumentan, añadiendo luego:

"No hay transmisiones comprobadas al comprar, en la peluquería o procedentes de algún supermercado, carnicería o restaurante. No hay riesgo de infectar a otra persona mientras se compra. Los contagios son fruto de una relación cercana durante mucho tiempo".

Los virus encontrados por Hendrik Streeck en picaportes de puertas, fregaderos, objetos, móviles y superficies en los hogares de personas infectadas estaban desactivados o solo fueron viables por un tiempo muy corto.

¿Y qué pasa con el caso de los niños y adolescentes?.

¿Se justifica haberlos sacado de las guarderías, escuelas, institutos o universidades?.

¿Qué sentido ha tenido cerrar parques, prohibir hacer ejercicio en lugares públicos no saturados, campos, bosques o montes que permitan oxigenar los organismos?.

¿Por qué se ha impedido tomar el sol en la playa , pasear por ella o bañarse en el mar?.

¿Qué sentido tiene impedir hacer "jogging" o montar en bicicleta?.

¿Por qué se prohibió ir en coche a personas que viven juntas y respiran el mismo aire en casa?.

¿Qué sentido ha tenido confinar a tanta gente que vive en pisos interiores sin luz y aire fresco puro, porque sus ventanas dan a patios interiores?.

¿Por qué se ha promovido con la cuarentena el aburrimiento y el consiguiente uso y abuso de radiaciones nocivas al dedicarse millones de personas a utilizar móviles, tablets, wifis, bluetooth, teléfonos inalámbricos, televisores, etc.?.

El New England Journal of Medicine ha hecho público un estudio realizado en Islandia entre el 15 de Marzo y el 4 de Abril (2.020) titulado "Extensión del SARS-CoV-2 entre la población islandesa".

Y su conclusión es que los menores de 10 años tienen menos posibilidades de infectarse que los adultos y, por tanto, de contagiar a otras personas.

En el trabajo publicado en The Lancet a primeros de Abril (2.020) con el título "Prácticas de cierre y gestión escolar durante brotes de coronavirus, incluido el del covid-19; una revisión sistemática rápida" se concluye que **no existe evidencia alguna que respalde el cierre de los centros educativos.**

Añadiendo que **los supuestos beneficios para la salud pública no justifican los costes sociales y económicos para los niños y sus familias.**

Según el trabajo "Los niños no son supercontagiadores de covid-19", publicado en British Medical Journal, los menores apenas propagan el virus y de ahí que propusieran reabrirlos de inmediato.

Terminamos éste apartado indicando que según un artículo aparecido también en Abril, pero en Clinical Infectious Diseases, un niño infectado por covid-19 levemente sintomático no infectó a ninguno de los 172 niños y profesores con los que estuvo en contacto en tres colegios diferentes del sudeste francés.

En fin, las medidas adoptadas están arruinando a millones de personas y haciendo un daño colateral enorme que no solo afecta a la economía.

Como dijo hace unos días el doctor Jeffrey Barke, miembro de la Academia americana de médicos de familia y profesor clínico de la universidad de California (EEUU):

"A medida que aumente el desempleo por la situación de confinamiento, vemos aumentar también los suicidios, la violencia doméstica, el abuso infantil y el consumo abusivo de alcohol y drogas. Y todo porque el gobierno ha excedido sus límites.

Al final veremos que las medidas adoptadas serán peores que el virus mismo. El desempleo alcanza ya cifras inimaginables, cada vez más personas se vuelven dependientes del estado y eso siempre lleva a gobiernos más grandes y tiránicos".

En definitiva, muchos gobiernos, entre ellos el español, lleva meses contando mentiras o medias verdades y con su manifiesta incompetencia y el silencio cómplice de toda la oposición ha llevado a España a la quiebra.

Eso sin contar con los trapicheos y medidas arbitrarias e ilegales que ha tomado, sobre las que dudamos respondan alguna vez sus miembros ante los tribunales.

Infobae, el importante diario argentino de actualidad nos trae la entrevista que realizó a un prestigioso científico argentino, quien manifiesta que **"el coronavirus no merece que el planeta esté en un estado de parate total"**.

Es Pablo Goldschmidt, un reconocido virólogo. Lanzó polémicas definiciones sobre el número de casos y la idoneidad de la OMS, la oscura razón de tantos muertos en Lombardía, Italia, y culpó de los decesos, más que al virus, a los deficientes sistemas de salud.

Como alguien que nada contra la corriente, el doctor Pablo Goldschmidt, lleva desde hace años una lucha contra el pánico a los virus. Su libro "La gente y los microbios", donde explica la psicosis que generaron la gripe H1N1 y el SARS, así lo atestigua.

La emprende contra los cálculos que la organización mundial de la salud hizo sobre los alcances del coronavirus covid-19, que ya contagió a 595.953 personas y mató a 27.333 (690 y 17 respectivamente en la Argentina) aunque Goldschmidt lo relativizará.

"Estamos todos encerrados. Hay drones en Niza que le hacen multas a la gente desde el aire. Mire donde llegó este control. Hay que leer a Hannah Arendt, mirar cómo fueron los orígenes del totalitarismo. Cuando alguien le mete miedo al pueblo, hace lo que quiere con él...", sostiene.

Y si se le hace notar que por su edad está en el grupo de riesgo, lo asumirá, pero hay gente de 80 que está fantástica".

¿Por qué sostiene que hay una paranoia injustificada con el coronavirus?.

"Mire, **este tipo de enfermedades no merecen que el planeta esté en un estado de parate total**, salvo que haya predicciones que sean realistas".

¿Y no las hay?.

"En el Imperial College de Londres, que tiene un servicio muy bueno de epidemiología y de predicciones matemáticas, hay un profesor, (Neil) Ferguson, que hizo el modelo de las curvas que se achatan, o no, en epidemiología.

Y que fue tomado para todas las decisiones políticas gubernamentales por consejo de la organización mundial de la salud, sin discutir ni poner en tela de juicio las ecuaciones. Yo desde el principio empecé a analizar esto y vi que había algo raro. A mi eso no me cerraba.

Anteanoche, éste señor Ferguson dijo que la proyección que hicieron debía ser masivamente disminuida, tal es la palabra que usó en inglés, con respecto a las cifras de muertes".

¿Que significa?.

"Que, por ejemplo, para los Estados Unidos él proyectó con su modelo, que todo el mundo está utilizando en éste momento sin siquiera cuestionarlo, 2.200.000 fallecimientos; y 500 mil en el Reino Unido si no se tomaban las medidas de achatar la curva y todo lo que significaba eso.

Ahora dice que no, que las predicciones no parecen ser exactas. Lo mismo que sucedió con el H1N1. Predijeron muchísimas menos muertes ahora, siempre que se mantengan las medidas de cierre como las que tomaron los gobiernos. Las estimaciones son mucho más bajas".

Pero por el bloqueo...

"Dice que el bloqueo las va a mantener. Pero el bloqueo para achatar la curva se hizo en función de los primeros cálculos, que daban un coeficiente de transmisibilidad y mortalidad mayor.

Pero ahora dice que ya no es como le daba antes, que está en el orden del 3 o 2,5, dentro de los valores de la gripe. Y dijo recientemente que, por las estimaciones que revisó y las medidas de cierre adoptadas por el gobierno británico, los hospitales van a atender a la gente infectada.

Morirán más o menos 20 mil personas por el virus... o por la excitación que van a provocar otras dolencias asociadas al virus".

¿Qué tipo de dolencias?.

"Infartos, accidentes cerebro vasculares... Porque usted va al hospital y **si muere por un infarto, dirán que murió por el virus. El problema es que ahora se mezcla todo.**

Una persona que llegue por una tentativa de suicidio y que se tomó un remedio por estar resfriada, murió por el virus. Alguien con un ACV mal manejado, si está resfriado, murió por el virus, no por el accidente cerebro vascular.

El dice que hay que corregir la cifras porque solo se está considerando eso. Por supuesto, en Oxford hay otro epidemiólogo que dice estar sorprendido porque se haya aceptado de manera tan incondicional por parte de las organizaciones internacionales el modelo de Imperial College.

Ellos están haciendo otro tipo de modelo predictivo y dicen que éste virus se ha propagado de una manera invisible y descontrolada por lo menos un mes antes de lo que cualquiera hubiera sospechado.

Y si se empieza a hacer test a la población probablemente la mitad haya sido infectada, y que entonces la mortalidad es mucho más baja y el riesgo también.

Si eso es verdad, uno de cada mil infectados sería el que enferme y necesitaría hospitalización, porque el 86 por ciento no tiene síntomas serios. Ésto apareció en Inglaterra".

¿Qué cambia esto para el sistema sanitario?.

"De cada 100 personas que van a consultar, 86 por ciento padecen síndrome gripal. El médico, en ese caso, le va a hacer un análisis de sangre y le pedirá cuatro parámetros, que el laboratorio le puede hacer en media hora o una hora.

Ahí se puede saber si la persona tiene o no una infección viral. No le va a decir si tiene coronavirus. Tiene un virus. Influenza, adeno, cualquier otro.

Pero se necesitan laboratorios que puedan hacer dímeros, proteínas C reactivas, recuento globular... Si los dímeros positivos dan altos, alguna lastimadura tendrá en el pulmón.

Y se hacen enzimas hepáticas y se pide un ionograma para ver como esta el potasio. Si dan, la persona tiene un virus, sea corona o no. Si esas cosas no están alteradas, lo mandan a la casa y le dan tratamiento de gripe.

¿Entiende?. Hasta aquí no hace falta pánico, y hablamos del 85 por ciento de la gente. Pasó en Corea, China, y en todo el mundo".

¿Qué sucede con el 15 por ciento que sí da infección viral?.

"Puede ser grave. La única manera de saberlo es hacer un test PCR, que no es accesible en todas las ciudades, provincias o la-

boratorios. El costo de cada test es de 30 o 40 dólares y se necesita personal muy bien formado y materiales.

Yo justamente estuve en la Argentina en Diciembre (2.020), y dí una charla sobre cómo desarrollar test de biología molecular casero y que no sea caro. Pero para desarrollarlos hay que esperar por lo menos dos meses.

Hay que comprar los de Corea, porque los chinos en este momento tienen un problema bastante serio, mucha gente no los quiere comprar más. Pero inclusive comprando el mejor test de Corea hay un 20 por ciento de falsos negativos".

¿Y si el resultado es coronavirus covid-19?.

"Si tiene una infección viral, y dice tengo fiebre (más de 38,5 durante dos días), estoy cansado, tosiendo, siento que me falta el aire y además, por una razón muy rara, pierde el gusto y el olfato, la única salida es una resonancia o una tomografía de pulmón. No hay otra.

Una radiografía no siempre da buenos resultados. Si el radiólogo dice que hay infección compatible con neumonía por coronavirus, esa persona tiene que ser internada en terapia intensiva, pero eso es para un máximo del cinco por ciento de las personas.

Ahora, si no tiene resonadores o tomógrafos, ¿qué hace?. No se sabe, y ahí empiezan los problemas".

¿No hay solución en ese caso?.

"Lo que hacen los coreanos, y ahora los franceses se atribuyen la paternidad, es dar un antibiótico, como puede ser la amoxicilina con clavulánico y la hidroxicloroquina.

Un investigador del Instituto de Biología de la Universidad Federal de Río de Janeiro trabaja para desarrollar un método de detección del covid-19".

¿Sirve la hidroxicloroquina?.

"Es lo único que se puede dar ahora. No hay pruebas contundentes, pero es mejor que nada. Se trata como una neumonía.

La diferencia con la neumonía clásica es que, esta vez, se le agrega la hidroxicloroquina, pero solamente si el médico le hace un electrocardiograma y mide el potasio del paciente.

Porque cambia la conductividad cardíaca, y al cabo de tres pastillas los electrocardiogramas traen sorpresas. No se le puede dar a cualquier persona.

Por eso en Francia hubo una negociación entre Salud Pública y el profesor de Marsella que tomó los procedimientos de Corea (Didier Raoult) y dijeron que eran para todo el mundo... pero no.

Es para quienes tienen un médico que los sigue, porque si tienen un trastorno del ritmo cardíaco, si baja el potasio, puede ser peor el remedio que la enfermedad. Pero en definitiva, estamos hablando de que a esa gente hay que internarla. Y acá viene la gran pregunta".

¿Cuál es?.

"Que tiene que estar en un servicio de terapia intensiva con gente formada.

¿Hay gente formada en todos los países y ciudades para terapia intensiva?.

¿Hay suficiente gente que sepa meter un laringoscopio para intubar a los pacientes?.

¿Hay enfermeros y médicos a quienes el Estado se hizo responsables de formarlos para hacer frente a eso?.

La respuesta es "no".

Y tampoco hay suficientes máquinas. En Alemania hay seis veces más respiradores que en Italia. Y diez veces menos muertos por la misma patología. En Europa hay 80 mil camas de terapia con personal formado, un promedio de 12 cada 100 mil habitantes.

En los Estados Unidos hay 28 cada 100 mil; en Alemania, 29; en Portugal, 4,2; en España, 10,3, pero el problema es que allí el 78 por ciento de quienes atienden esas camas está entrenado para terapia médico quirúrgica y unidad coronaria.

Gente que sabe manejar infartos y acv, pero el Estado no formó neumonólogos para hacerse cargo de este tipo de crisis.

Entonces, ¿hasta dónde es solamente el virus responsable?".

¿E Italia, el país donde dicen que se hizo todo mal?.

"El problema de Italia es mucho más serio y necesita un análisis aparte. Allí la mortalidad es muy alta, y la gente está cantando el himno, pero no sabe que desde hace 25 años cierran camas y no crean cargos de médicos.

Y mucho menos, médicos de terapia intensiva que trabajen en los hospitales. Lo que ésto habla es que no es sólo el virus. Hay 75 mil personas diagnosticadas y 7.400 muertos, el 9 por ciento de muertos. Algo significa".

¿Cómo ve al sistema de salud argentino?.

"No lo podría decir. El sistema argentino es complicado. Hay hospitales estatales, privados, municipales, de sindicatos. Cuando estuve el año pasado, en el Hospital Fernández todo funcionaba, pero al Clínicas no puede ir porque no andaba el ascensor.

Y en cuanto a los profesionales, no se en este momento cómo está la neumonología. Hay buenas individualidades, gente brillante, pero en lo general, no sé".

Usted dice que no hay que tener paranoia, y está bien. Pero si en China tuvieron que crear hospitales de la nada, esto es distinto a una gripe común, algo pasa...

"Mire. Cualquier persona que tose va a terapia intensiva. El año pasado, en los Estados Unidos hubo 460 mil personas con neumonía, en terapia. Éste año no sé si va a haber 100 mil. La cosa no es así. La gente corre al hospital por cualquier cosa.

Y los enfermeros y médicos no fueron formados, porque hasta hace tres meses no importaba. A los pacientes les ponen máscaras de oxígeno, y sobre 100 ancianos, en un geriátrico del sur de Roma murieron 11 en una mañana.

¿Los mató el virus?. Quizás estaban con el corona. Pero, ¿qué hubiera pasado si los atendían correctamente?. ¡No tenían ni procedimientos!.

En China, al principio la mortalidad era del 9 por ciento, y ahora está en el uno. En Italia están en el 9, pero está bajando porque están aprendiendo a trabajar. Que están aprendiendo significa que no los formaron, que no había infraestructura.

Está el sentido patriótico, la gente sale a la ventana, pero los médicos no son héroes, son trabajadores que van a poner el lomo pero no están formados. Los ponen frente a situaciones dramáticas, y muchos no saben lo que deben hacer. Los procedimientos no estaban escritos. Recién ahora la cosa se sabe".

Por eso yo pregunto ¿es el virus sólo el responsable de estas muertes?. Dicen que se acumulan los cadáveres, pero en España, ayer, mostraron que el año pasado hubo la misma cantidad de muertos.

¿Pero muertos por qué causa?.

Por infartos o neumonías. Ahora resultan todos por covid-19. Pero el año pasado no se ponían a sacarles muestras nasales a todos los muertos.

¿Usted quiere decir que lo que llaman muertes por COVID-19 no son por esa causa?.

"Por ahí son por covid-19, pero por ahí había también el año pasado por otros virus respiratorios. Seguro que hubo, porque la influenza mató a muchísima gente en España e Italia. Pero morían de neumonía, sin ponerles etiquetas.

Ahora bien. Ya analizamos la falta de respiradores, de formación, personal, médicos y enfermeras, que en Italia gritan todos los días porque no abren cargos en hospitales públicos.

Prácticamente no había servicios de terapia en las ciudades chicas. Hasta ahí uno razona, pero empujando el razonamiento al máximo, yo me pongo a mirar las causas de muerte en Lombardía, donde murió más gente. Y lo que le voy a comentar no lo publicó nadie".

¿Qué vió?.

En Italia, en Lombardía, es donde más mueren por mesotelioma. Todas las fábricas de fibrocemento que usaban amianto estaban ahí. Hasta 1992, que lo prohibieron, estaba en techos y aislante de fábricas.

Las paredes tenían amianto, que larga cristalcitos que llegan al pulmón, que luego puede cicatrizar, o no. El mesotelioma es el cáncer de pulmón producido por asbestosis o amianto.

En las autopsias que se hicieron en Lombardía en los últimos diez años, el 85 por ciento eran por exposición laboral. Tumores malignos con localización pulmonar y peritoneal. Y hasta el 92 nadie prohibió el uso.

Lombardía tiene diez millones de habitantes, es el lugar que tiene más empleados en la industria del amianto, el lugar del mundo con más asbestosis. Pero además, el amianto se pega a la ropa, a las fibras. La ropa de alta costura del norte de Italia las hacen señoras costureras.

Puede creer que entre el 2.000 y el 2.012 hubo 4.442 mesoteliomas malignos (2.850 en hombres y 1.592 en mujeres), cáncer de pulmón invasivo por exposición al amianto. Y crece más. Éste año hubo 3,6 por ciento más que en años anteriores en hombres y 3,3 en mujeres mayores de 65 años. Y hasta el 2.030 habrá 20 mil más".

¿Qué relación existe con el coronavirus?.

"Que en esa región, castigada por falta de medios, el cierre de camas, falta de aparatos de respiración, se encuentra la gente mayor, con pulmones con cáncer o lastimaduras crónicas, que hace que una infección viral se transforme en una infección mortal.

Un pulmón agredido por una fibra mineral, tendrá una reacción distinta a un pulmón sano. Y no es casualidad que muera más gente donde están las fábricas de amianto".

Pero el COVID-19 mata más que la gripe común...

"Todas las infecciones virales pueden ser mortales. **La diferencia es que con ésta se armó pánico y con las otras no. El año pasado murió mucha gente de gripe y nadie cerró el planeta. Entonces, ¿qué pasa ahora?"**.

Se lo pregunto a usted, ¿qué pasa?.

"No se...".

Pero qué percibe, ¿una conspiración?.

"No, eso se detecta enseguida. El año pasado hubo 36 millones de personas con gripe en los Estados Unidos. Fueron internadas 370 mil y 22 mil se murieron.

¿Queda claro?. Y nadie cerró ningún aeropuerto. En Francia hay 33 mil casos, pero cuando murieron 23 mil viejitos en los geriátricos por una ola de calor el país tampoco se cerró. Hay algo muy raro aquí".

Por eso insisto, ¿qué ve usted?.

"Un error grave de los peritos de la OMS, lo que denuncié desde un principio".

¿Sabe qué quiere decir pandemia?. No significa enfermedad grave o severa. Quiere decir que muchos países tienen una enfermedad. ¡Todos los años hay pandemia de resfrío, y nadie cierra nada!.

¿No hay que relativizar todo esto?".

Pero el covid-19 es muy contagioso, doctor...

"<u>Sí, como el resfrío, que es como muere la gente en los geriátri- cos. Antes no los contaban, ahora si.</u> Hubo más de medio millón de casos de neumonía en el mundo el año pasado.

Hay un millón de personas que se pueden agarrar meningitis en África, y se transmite por la saliva, y los aviones van y vienen. Y a nadie le importa nada.

Hay 135 mil personas que van a andar con tuberculosis en Amé- rica Latina, y nadie hace escándalo.

A mi, **cuando algo hace mucho ruido como con el corona... Se está teatralizando mucho. Desde el primer día dije que las cuentas no daban, como cuando apareció la gripe H1N1".**

¿Hay que parar la cuarentena?.

"La medida no es por el virus, sino por el riesgo de no poder ha- cerse cargo de la gente que está en situación crítica. No sé si está mal, porque no hay cifras objetivas.

El pánico es absurdo. Hay 690 positivos...¿a cuantos se les hizo el test?. ¿A 30 millones o a mil?. Fallecieron 17, yo quiero ver cuántos murieron en geriátricos o en su casa de neumonía por neumococo o hemofilus, que hay muchísima en la Argentina, el año pasado".

La declaración que sigue también es impresionante. A parte de claridad, tiene mucha fuerza. Nos llega de la mano, nada más y nada menos, que de **un médico cirujano. Gastón Cornu-Labat,**

formado en EEUU, también sin pelos en la lengüa arremete duramente contra el sistema oscuro establecido.

Dice así:

"Como argentino, en primer lugar dirijo éste mensaje al presidente Alberto Fernández y a todos sus ministros, y como médico ejerciendo desde hace muchos años en EEUU y actualmente en Europa me dirijo también a todos los demás presidentes y autoridades del resto del mundo:

La humanidad a lo largo de su historia sufrió innumerables catástrofes y pandemias. Sin embargo la actual resulta ser la más devastadora de todas y ésto no es debido a su grado de contagio y mortal peligrosidad.

Sino a los estragos sociales y económicos e incluso de salubridad que ha provocado la obligatoria cuarentena impuesta a escala global por las diversas autoridades mundiales como con la ONU, OMS, FMI etc.

Y los grandes poderes económicos y políticos internacionales que con sus exhortivas demandas sofocan cada vez más a sus víctimas, los países y las sociedades del mundo.

Señores políticos, autoridades sanitarias y ministros de salud, presidentes y demás cabezas de gobierno, recuerden que nosotros médicos, según la declaración de la asociación médica mundial en su decimoctava asamblea en Helsinski 1.964.

Ratificada en su quincuagésimo novena y sexagésimonovena asamblea en Seúl 2008 y en Reykjavik 2018, respectivamente.

Y proclamadas específicamente para proteger a los pacientes de conflictos de interés, no necesitamos pedirles permiso ni autorización para enfrentar los estragos causados por este misterioso virus covid-19.

Tenemos el derecho y el deber de tan solo obrar de buena fe, de la manera más idónea posible según nuestra experiencia médica y contar con la confianza y autorización de nuestros pacientes en pos de brindarles a ellos la solución médica más rápida, asertiva y económica posible.

A fin de prevenir los contagios, lograr que queden inmunes a tal infección en caso de padecerla y lograr que se curen.

Ustedes gobernantes, autoridades de la OMS, ONU, etc., han fallado en todo sentido, demostrando una vez más su negligencia e inoperancia.

Han suministrado y aceptado la utilización de equipos médicos defectuosos, reactivos que brindan falsos positivos e incluso contaminados con el mismo virus, el cual dicen tener intenciones de verdaderamente combatir.

Han realizado diagnósticos inadecuados y falsos, han maliciosamente ocultado, inventado y adulterado datos y estadísticas, han determinado protocolos médicos contrarios a los que realmente se debieron realizar, etc.

Sus negligencias superan todos los límites de la inoperancia, rayando en un actual premeditadamente malicioso y en pos de no sólo generar una pandemia, sino fomentarla, extenderla y agudizarla.

Aducen extender dicha sangría y cuarentena quedando a la espera de que se consiga la tan ansiada y milagrosa vacuna salvadora. A esta altura todo huele mal y ustedes huelen aún peor.

Ya es de público conocimiento que la multimillonaria industria farmacéutica internacional es una mafia, la cual lucra sin piedad con la salud, bienestar y propia vida de sus clientes, los pobres enfermos.

El conflicto de interes que han generado es escalofriantemente escandaloso. A dicha mafia farmacéutica para nada le interesa curar a los enfermos.

Tan solo le interesa mantenerlos perpetuamente enfermos y activos para así lograr asegurarse de que ellos generen dinero con el cual puedan pagarles sus milagrosos medicamentos.

Ante ésto, los pacientes enfermos pasan a ser, más que eternos clientes rehenes, víctimas y esclavos de dicho proceso corrupto y criminal sistema médico.

Yo como médico puedo dar fe de eso, exponiendo y luchando durante muchos años contra dichas mañas, yo y tantos otros médicos hemos sido gravemente perseguidos y atacados de las maneras más viles por dichos procesos corporativos.

Literalmente éstos reguladores médicos, como la OMS y otros, no permiten que existan en los mercados mundiales medicamentos que realmente curen de manera efectiva, rápida, económica y sin generar efectos adversos.

Todo ésto huele feo, es una mafia. Tan sólo hay que tener en cuenta el interesante prontuario que logró cosechar el mismo director de la actual organización mundial de la salud (OMS), el doctor Tedros Adhanom Ghebreyesus. Se supone que de éste siniestro personaje depende la salud de todos nosotros.

Por otra parte, la OMS que se supone ser libre, independiente y no estar regida por ningún interés particular y privado, de manera directa o indirecta, es financiada más de un 80% por el usurero magnate Bill Gates y la mafia de la misma industria farmacéutica internacional.

Con ésto se constituye el segundo gran conflicto de intereses.

A su vez, nuestra salud bienestar y futuro, también depende de otros buenos muchachos, conjuntamente con sus filantrópicas fundaciones y millonarias donaciones.

Me refiero a las fundaciones Carnegie, Ford, Rockefeller, Sociedad abierta de Soros, Bill y Melinda Gates.

Así es. Nuevamente entra en escena Bill Gates, el inventor del sistema windows y microsoft, el cual es vulnerable y por ende continuamente atacado por todo tipo de virus cibernéticos.

El mismo Bill Gates de la gran farma internacional y las vacunas, que en vez de curar enferman a las personas, es el mismo Bill Gates que globalmente nos quiere implantar microchips de monitoreo.

Todo apunta que éste Bill Gates es el mismo que años atrás ha patentado diversas cepas de este mismo virus y todo indica que incluso ha patentado sus respectivas alternativas de vacunas.

Es ese mismo Bill Gates quien tiempo atrás públicamente ha dicho que las futuras guerras no se dan con armas, sino que serán guerras bacteriológicas. Es el mismo quien públicamente también ha dicho que la contaminación ambiental solo se logrará erradicar si se realiza una drástica reducción de la población mundial.

Y que tal cometido se podrá llevar efectivamente a cabo aplicando adecuados planes de vacunación realizados a escala mundial. Incluso él ha destacado que con adecuados planes de vacunación se logrará reducir la población mundial hasta un 10 o 15%.

Bill Gates además con sus vacunas ha hecho terribles estragos llevando a cabo planes sanitarios en los países del tercer mundo haciéndolo bajo el pretexto de solidarizarse brindando ayuda comunitaria.

Bajo dicha excusa, éstos filantrópicos, magnates, poderosas autoridades, superpotencias y organismos internacionales fomentan a más no poder los planes de reducción de población.

Incentivan el aborto, la ideología de género LGBT la cual destruye los valores de la familia como institución social, el feminismo exacerbado que genera odio y rechazo contra el hombre.

Y el pervertir sexualmente a los niños en los colegios precozmente estimulándolos sexualmente, a través de la intervención de cada nación con la tan polémica y atroz ESI (educación sexual integral).

Disculpen mi lenguaje, pero toda ésta mierda es parte de lo mismo, ya que busca generar conflicto, desgaste y caos social, destruir la identidad en todo sentido de las personas, tanto en el ámbito histórico, religioso, cultural, social, privado, político y militar; destruyendo también los conceptos de patria, soberanía y nación.

Con ese citado completo debilitamiento social, político, sanitario y económico, se intenta imponer un nuevo orden mundial autoritario, regido por una muy pequeña extremadamente influyente y poderosa élite capitalista explotadora y usureras.

Al parecer bajo la consigna del respeto a la solidaridad y ayuda comunitaria, la no violencia, fomentar los derechos humanos, de lograr la igualdad, inclusión no discriminación, tolerancia, etc.

Todas éstas poderosas autoridades, superpotencias y billonarios magnates están muy interesados en nuestra salud, bienestar, la preservación del medio ambiente, el orden, justicia, la paz y el amor.

¡Seguramente ellos mismos son todo amor!.

Dejando atrás ésta ironía y volviendo al ámbito de la salud y en específico a mis colegas, la corrupción y la mafia que resulta ser la industria farmacéutica internacional, no hay duda alguna. Todo médico lo sabe.

Sin embargo, aún el médico que es una buena persona, que es un buen padre de familia, ejemplar ciudadano, que respeta al prójimo no tirando ni un solo papelito en la vereda, que vota en toda elección cumpliendo con su deber cívico-democrático.

Que respeta a rajatabla las leyes de tránsito cuando conduce su vehículo, que a toda costa vela por el orden y el bienestar de todos y que no demanda ni a una mosca y por ende más bueno que lassie.

A través de su cobarde silencio irónicamente resulta también ser cómplice de dicha mafia farmacéutica.

Ante ésto, dicho ejemplar médico, querido amigo, excelente esposo y magnífico padre de familia, muy probablemente resulta ser víctima de su propia cobardía mediocridad y de la comodidad y confort que le brinda el no jugarse su puesto y gozar de cierta seguridad.

E incluso, tal vez, también es víctima de su conveniencia personal, mezquindad y ansia de trascendencia, de aceptación en pos de mantenerse siendo parte de dicho prestigioso sistema médico y por ende resulta también ser víctima de su oportunismo y propia ambición.

De ésta manera, queda aceptado y muy bien consolidado dicho corrupto sistema médico, compuesto por la ya mencionada

multimillonaria industria farmacéutica, autoridades sanitarias, políticos y gobernantes y los mismos médicos que maman de las tetas de dicho sistema.

A todo ésto hay que sumarle el corrupto actuar de guantes blancos que desempeñan los medios masivos de comunicación, los cuales en vez de informar desinforman a favor de este perverso sistema.

Y una gran mayoría de abogados que actúan como encubiertos mercenarios, colaborando con sus tecnicismos legales en pos de ocultar las oscuras acciones y estragos que dicha industria comete.

Éstos, paralelamente, de igual forma y legítimamente, suelen atacar a toda propuesta médica alternativa que resulte ser una verdadera cura.

El fin es claro. A toda costa hay que proteger los intereses de dicha espuria industria y sistema médico convencional.

Todos éstos títeres actores al servicio de este sistema médico están proclamando a gritos que la única solución viable son las vacunas. A éstas alturas creo que ya todos sabemos los macabros intereses que hay detrás de las campañas de vacunación: jugosos intereses económicos.

Dichas vacunas ha demostrado tener una gran inefectividad. Lamentablemente, terribles efectos adversos se han desprendido y continúan desprendiéndose de ellas.

Muertes súbitas en bebés, autismo en niños, cáncer, enfermedades autoinmunes, asma y otras afecciones respiratorias, alergias de todo tipo, esterilidad y abortos en mujeres, son claros ejemplos. Además existe un largo etcétera de casos.

Y ahora pretenden imponernos una vacuna la cual carece de estudios y de los protocolos de ensayo experimental, los cuales requieren de años de investigación y análisis.

Por otra parte, ante un virus que demostró mutar con gran rapidez, no tiene ningún sentido o sustento imponer como solución vacuna alguna, incluso por más efectiva que ésta resulte ser.

Vuelvo a remarcar que no va a existir vacuna segura, ni eficaz ante esta situación.

Reitero, todo huele mal y dicha prometedora vacuna huele peor que el más mortal de los virus.

La cuarentena ha demostrado no sólo ser ineficiente, sino todo lo contrario, ha demostrado ser contraproducente en todo sentido, incluso en el más riguroso sentido de la ley y de toda constitución.

Dado que con dicha cuarentena se está sistemáticamente violando los derechos más básicos y fundamentales de todo ciudadano, el derecho a ser libre, al ser violentada su privacidad y el derecho a poder transitar por los espacios públicos correspondientes a cada nación.

Así mismo, el derecho a trabajar y poder ganar su sustento, alimentación y cuidado de su salud, la de sus hijos y de sus familiares etc.

La cuarentena corresponde a aquellos ciudadanos los cuales ya han demostrado estar infectados y como tal, por razones sanitarias, deben ser aislados y a su vez controlados y protegidos.

Jurídicamente no se puede presuponer que un no infectado lo esté y por ende debe ser tratado como tal. Con dicha presunción se está violando otro inalienable derecho, el derecho de la presunción de inocencia hasta que se logre demostrar lo contrario.

Ya nos han violado nuestros bolsillos y recursos económicos, nuestra libertad, intimidad y privacidad. La próxima violación será la de nuestro cuerpo, cuando nos veamos obligados por decreto presidencial a ser vacunados contra nuestra voluntad con vacunas tóxicas y de dudoso origen.

Nuestra principal amenaza no es éste mortal virus, son los estados. Nuestros incompetentes y corruptos políticos y autoridades, los cuales atentan de manera sistemática contra nuestra libertad, privacidad, patrimonio, dignidad y personas, bienestar y principalmente, controla nuestra salud y propia vida.

Autoridades sanitarias, gobernadores y presidentes de cada nación de este planeta: ante dicha situación y ante todo lo que recién acabo de exponer como médico, persona y ciudadano de éste mundo, dejen de continuar haciéndose los boludos (tontos) y los desentendidos.

De boludos nada tienen, de corruptos puede que lo tengan todo.

Sepan que ignorar o sutilmente combatir una prometedora y eficaz alternativa como ésta del dióxido de cloro, es incurrir como partícipes en la muerte de miles y miles de personas, pasando ésto a constituir un flagrante genocidio".

El siguiente relato es estremecedor. Roberto Petrella, médico italiano denuncia a nivel mundial que el "covid-19 es un programa de exterminio masivo para la población mundial".

Emocionado por lo que está a punto de decir, y con la voz ronca y desgarrada, el médico italiano Roberto Petrella grabó un vídeo de 8 minutos que es una llamada de atención al pueblo italiano y también al mundo entero.

Éste médico valiente y ejemplar sólo hace confirmar lo que muchos veníamos viendo desde hace meses, el genocidio mundial que se pretende.

– "Éste es un vídeo de una extrema urgencia", comienza diciendo.

– "Covid 19 es un programa mundial para la reducción de la población, se estima que con la vacuna que quieren imponer al menos el 80% de la población morirá".

– "Lo que pretenden inyectar es la más terrible de todas las vacunas conocidas".

– "No se hagan ningún test, no son pruebas fiables. Los resultados de las pruebas del virus son falsos, porque se realizan en presencia de infecciones micóticas y bacterianas. Rechazando los test es la única forma de rechazar la vacuna".

– "Lo he dicho y lo repito: ningún test es capaz de detectar el SARS-COV-2. Prestad mucha atención porque comenzarán a hacer pruebas con los niños y de ahí se extenderá a toda la sociedad, van a comenzar a hacer test masivos a los niños en las escuelas".

– "Una vez que su hijo sea testado comenzarán a hacer test a toda la familia y a todos los contactos cercanos, la idea es que las personas sanas aparezcan oficialmente como enfermas".

– "Te recuerdo que no somos enfermos, somos portadores sanos que tienen virus, eso no significa que estemos enfermos, aunque déis positivo en los test dos o tres veces, eso no quiere decir que estéis enfermos".

– "¡TE VAN A HACER CREER QUE TODOS LOS QUE DAN POSITIVO ESTÁN ENFERMOS, **pero es incierto!**".

– "Les pido por favor que no caigan en la trampa que les quieren tender".

– "Una vez vacunados todos estaremos debilitados y encontraremos una muerte segura. Decidle a la gente que no se haga ninguna prueba".

– "Éste vídeo es para que no digas que no fuiste advertido".

– "El comportamiento de los políticos es completamente descorazonador".

– "La mayor parte de las personas vacunadas dejarán de existir para la sociedad".

– "China está haciendo ya pruebas reales en varias ciudades, España y Argentina son los países piloto para los países latinos en relación a la vacunación masiva".

– "Yo preferiré la muerte pero no la vacunación".

Un nuevo valiente, también del gremio de la medicina sale al paso de la falsa pandemia. Es **otro médico español que ha hecho esa mínima labor de investigación al margen del adoctrinamiento que recibe el resto de sus colegas desde instituciones públicas y desde los comprados medios de comunicación oficial.**

Estamos hablando del doctor Alejandro Sousa, licenciado en medicina y cirugía por la universidad de Santiago de Compostela. Trabaja como urólogo en el Hospital de Monforte, y **se mostró en contra de la versión oficial que impera en el mundo en torno a la pandemia del coronavirus.**

Lo hace en un vídeo grabado en el canal de Youtube 'Agencia Cósmica', que "explora el mundo en la búsqueda de lo que está mas allá de nuestra realidad física". Los extraterrestres y los fenómemos paranormales con algunos de los temás que más abordan.

El doctor Sousa es conocido por su dilatada experiencia y una larga trayectoria profesional donde ha sido autor y coautor de más de 10 libros en su especialidad, más de 50 revistas indexadas en su especialidad publicadas en cinco idiomas y cuatro continentes.

Además es autor de más de 150 comunicaciones en congresos nacionales e internacionales y coautor de dos patentes de sistemas utilizados en el tratamiento de patologías de la especialidad de urología entre otras muchas cosas.

En la entrevista que les presentamos nos ilustra de la nula fiabilidad y especificidad de los tests pcr y que sin embargo están siendo utilizados para la diagnosis errónea del supuesto coronavirus. Asegura que el 50% de los test positivos son falsos y se muestra contrario a las vacunas y a la tecnología 5G.

Nos comenta también acerca de quién es realmente el actual director de la OMS (organización mundial de la salud) y qué vínculos tiene, entre otros fragmentos muy interesantes para que usted entienda realmente qué es lo que estaba ocurriendo.

Les sugerimos que presté atención a dicha entrevista para tener una visión más global y realista de la dramática situación actual y que desde luego no le contarán en los ya comprados medios de comunicación oficial.

Quizás entienda usted así cuál es la dramática situación en la que nos encontramos y no precisamente por un agente patógeno que se encuentra en el aire.

El doctor Sousa centra su aparición en el coronavirus y, desde un primer momento, es consciente de que sus declaraciones pueden levantar recelos y revuelo...

"Me ha costado muchísimo grabar éste vídeo, yo trabajo como urólogo en un pequeño hospital en el norte de España y durante los últimos 27 y años he realizado muchas publicaciones, he presentado ponencias y he realizado operaciones en diversos países.

Me ha costado mucho crear una pequeña reputación profesional, sobre todo en temas como el cáncer de vejiga, la incontinencia urinaria o las infecciones urinarias.

Salir aquí a decir lo que la ciencia oficial no quiere reconocer supone la posibilidad de que te critiquen, te menosprecien o te ridiculicen, pero **pienso que es el momento de dar un paso al frente** y por eso estoy aquí", señala.

Hace ya más de dos años que sigo las enseñanzas de Yazhid a través de los vídeos de Gosia y de Rober. **Creo que lo que llevo aprendido y visto en esos vídeos me ha hecho mejor persona**, me ha abierto la mente. Me ha permitido comprender que la ciencia humana está todavía en pañales en muchísimas cosas.

La realidad que detectamos con nuestros sentidos muchas veces no es la única existente.

Creo que es mi obligación devolver toda mi información con una pequeña ayuda para que médicos, epidemiólogos y científicos den un paso al frente y luchen contra esta falsa pandemia que estamos sufriendo a nivel mundial", añade.

"El 5G interfiere con el oxígeno. Eso es una realidad física incontestable"

Alejandro Sousa sabe que tendrá opiniones en contra, pero pese a ello, sigue adelante.

"Mi única tristeza a la hora de grabar este vídeo es que hay gente a la que quiero y que me quieren que pueda sufrir si intentan ridiculizarme, criticarme o llamarme **conspiranoico, irresponsable o estúpido.**

La gente tiene que saber cuándo hacer las cosas y defender las cosas en las que cree, si no lo hace es simplemente un pusilánime o un cobarde", apunta.

Así habla de lo que él considera la mentira del covid. "Decía el jefe de propaganda de los nazis, **Joseph Goebbels,** que si se repetía más de mil veces una mentira acababa por convertirse en una verdad.

Eso es lo que hacen los medios de comunicación. La mayor mentira que nos han contado a lo largo de la historia. Y eso que las ha habido gordas.

Yo creo que **aproximadamente el 50% de los test positivos PCR del mundo han sido falsos positivos.**

En los hospitales se han producido prácticamente los mismos errores, uno de ellos es que se ha dado como fallecido por covid a cualquier persona que estuviese en la UCI, pero incluso también en las plantas, se muriese de lo que se muriese", apunta.

Y culpa de ésta situación a los medios de comunicación. "Sin embargo, en la prensa, están encargándose de decir día tras día que la inmunidad y los anticuerpos desaparecen a los tres meses.

Es decir, nos podemos volver a infectar y la gente volverá a estar en el mismo punto de partida aunque lo haya sufrido. **Eso no es cierto. No es ciencia"**, apunta.

> **"No se vacunen, sobre todo no se vacunen del Covid, no se vacunen de la gripe estacional, por favor, no lo hagan"**

"A cualquier científico que me quiera llamar hereje, conspiranoico, ignorante o irresponsable le diré que lo acepto siempre y cuando me lo demuestre", dijo.

También se muestra contrario a **la implantación de la tecnología 5G**. "El 5G interfiere con el oxígeno. Eso es una realidad física incontestable.

Si tú implementas una tecnología nueva y la vas a aplicar a toda la población, tú eres el que tiene que hacer pruebas en animales, en personas, de campo, epidemiológicas y demostrar, después de un estudio a largo plazo, que has conseguido ver que tu tecnología no hace daño".

Alejandro Sousa es rotundo en el tema de las vacunas. **"No se vacunen, sobre todo no se vacunen del Covid, no se vacunen de la gripe estacional, por favor, no lo hagan"**.

Precisamente el 5G, tocado por Alejandro Sousa en su alocución anterior, es el protagonista del siguiente gran trabajo de **Francisco San Martín, experto colaborador desde hace muchos años de la revista DiscoverySalud, referente en la salud.**

Publicado en citado medio **cuestiona que si el SARS-CoV-2 existe, ¿cómo se propagó tan rápido y qué relación tiene con la 5G?**.

La propagación mundial del presunto coronavirus ARS-CoV-2 que según la OMS ha causado la enfermedad bautizada como covid-19 ha sido tan rápida como inexplicable.

Pero aún lo es más que en unos países se haya expandido tanto y en otros cercanos tan poco, por mucho que intente explicarse con la adopción temprana de medidas de prevención.

Entendemos que las cifras que se manejan son ficticias, porque la fiabilidad de los test es nula y los números de "contagiados" (debería hablarse de personas que dieron positivo al test, que no es lo mismo) y "muertos por covid-19" son una farsa.

De echo hoy ya se sabe que se han achacado numerosos falleci-mientos al SARS-CoV-2 cuando padecían otras enfermedades que fueron la causa ¡solo porque también habían dado positivo a esos test sin credibilidad!.

En suma, **ni las cifras de contagiados ni las muertes de la su-puesta pandemia son creíbles**, pero en un ejercicio de ucronía hemos decidido partir del supuesto de que fueran reales para formular tres hipótesis sobre su propagación.

Avaladas por los conocimientos científicos actuales, aunque a muchos alguna pueda parecerle fantasiosa. Y las tres están rela-cionadas con la implantación de la tecnología 5G.

El 14 de Abril (2.020) el biólogo español especializado en micro-biología que trabajó e investigó en los laboratorios Hubber con bacterias y virus de la viruela, Bartomeu Payeras i Cifre, pro-fesor de matemáticas, física y química y creador del departa-mento de microbiología marina del laboratorio oceanográfico de Palma de Mallorca, publicó un informe.

Según el mismo **"los resultados obtenidos demuestran con toda rotundidad una clara y estrecha relación entre el índice de ca-sos de coronavirus y la ubicación de antenas 5"**. Claro, conciso y contundente.

El método utilizado fue comparar el número de casos por millar de habitantes entre países con o sin tecnología 5G, entre regiones de un mismo país con o sin ella, entre ciudades de un mismo estado con o sin 5G y entre los diferentes barrios de una ciudad.

Así mismo se tuvieron en cuenta los estados con fronteras comunes con y sin tecnología 5G y los casos particulares de estados dentro de otros, como San Marino.

Pues bien, el autor recalca en su informe que es la primera vez que una pandemia "presenta un efecto de frontera con marcadas diferencias entre estados contiguos con o sin implantación 5G".

Y cita especialmente el caso de San Marino, ya que fue el primer estado del mundo que implantó esa tecnología, donde sus ciudadanos han estado más tiempo expuestos y "sospechosamente es el primer estado del mundo en índice de contagios".

Añadiendo: "la probabilidad de que eso suceda es de 1 entre 37.636".

Los datos son tan contundentes que desechar la relación entre la pandemia y la tecnología 5G sin más solo es posible siendo un cínico o alguien que ante la falta de argumentos para contrarrestarlos y teniendo interés en descalificarlos, recurre al insulto o a la descalificación.

Lo cierto es que esos datos solo parecen poder explicarse a nuestro juicio con tres posibilidades:

que la 5G haya afectado mucho la salud de las personas más débiles infectadas contribuyendo a agravar su estado, que sus radiaciones hayan sido la única causa de las disfunciones, o que se haya usado directamente para inocular el virus en las personas ¡implantando su ARN mediante frecuencias!.

Lo cierto es que esos datos solo parecen poder explicarse a nuestro juicio con tres posibilidades.

La primera es que la 5G haya afectado mucho la salud de las personas más débiles infectadas contribuyendo a agravar su estado.

Otra posibilidad es que sus radiaciones hayan sido la única causa de las disfunciones.

O bien, que se haya usado directamente para inocular el virus en las personas ¡implantando su ARN mediante frecuencias!.

LOS TEST PARA EL SARS-CoV-2 CARECEN DE FIABILIDAD, ASÍ QUE LAS CIFRAS DE SUPUESTOS CONTAGIADOS Y MUERTES TAMPOCO, YA QUE SE BASAN EN SUS RESULTADOS.

"HAY UNA CLARA Y ESTRECHA RELACIÓN ENTRE EL ÍNDICE DE CASOS DE CORONAVIRUS Y LAUBICACIÓN DE ANTENAS 5G", AFIRMA EL BIÓLOGO Y PROFESOR DE MATEMÁTICAS, FÍSICA Y QUÍMICA, BARTOMEU PAYERAS.

LAS RADIACIONES DE LA TECNOLOGÍA 5G PUEDEN HABER AGRAVADO EL ESTADO DE LAS PERSONAS MÁS DÉBILES EN CASO DE INFECCIÓN, HABER SIDO LA ÚNICA CAUSA DE LAS DISFUNCIONES O HABERSE USADO DIRECTAMENTE PARA INOCULAR EL VIRUS ¡IMPLANTANDO SU ARN MEDIANTE FRECUENCIAS!.

Si supones de antemano que ésta última es una idea más propia de la ciencia-ficción que de la ciencia vamos a hacerte replantear esa suposición.

Sobre la primera posibilidad, la de que las radiaciones electromagnéticas hayan podido afectar al sistema inmune y a la homeostasis de las personas afectadas, propiciando el contagio o pudieran haber agravado su estado si ya estaban infectadas, no vamos a profundizar, porque nos parece innecesario.

Numerosos reportajes dedicados a ello lo demuestran , más allá de cualquier duda razonable y el lector puede consultarlos en la web: www.dsalud.com.

De hecho, la inmensa mayoría de los científicos del mundo lo saben, aunque se les haya silenciado imponiéndose a la sociedad a través de los medios de comunicación "la verdad oficial", que solo apoyan quienes se encuentran a sueldo de las grandes compañías de electricidad y telefonía.

Hay cientos de trabajos publicados en revistas científicas que demuestran el daño que producen, no ya las procedentes de dispositivos 5G, sino las de la 2G, 3G y 4G, además de otras tecnologías.

Cómo la 5G puede provocar la enfermedad achacada a un virus.

La segunda posibilidad es que las disfunciones que caracterizan al covid-19 las haya provocado directamente la 5G, que sus emisiones electromagnéticas sean las causantes de la hipoxia, los trombos y la reacción inmunitaria descontrolada.

Para empezar, recordemos que la tecnología 5G precisa de la instalación de numerosas antenas, porque utiliza la banda de

transmisión de 60 Ghz y en ella el alcance de las ondas es más corto al ralentizar el oxígeno su transmisión.

El profesor Yuri Feldman del centro médico Hadassah de Jerusalén (Israel) investigó, junto a un grupo de físicos de la universidad hebrea de Jerusalén, los efectos de la tecnología 5G en el cuerpo humano y **comprobó que más del 90% de su radiación la absorben la epidermis y las capas externas de la dermis.**

Como los terminales de los conductos sudoríparos, los que expulsan el sudor, tienen una estructura helicoidal actúan como antenas de alta absorción que envían la señal al interior del organismo.

Lo que, entre otras cosas, afecta al oxígeno, molécula diatómica formada por dos átomos que comparten sus electrones, alterando las órbitas de éstos por resonancia.

Una alteración que afecta a la hemoglobina que ve obstaculizada su absorción de oxígeno, grave dificultad que puede llevar a la hipoxia.

Así mismo **está constatado que las radiaciones bajan las defensas del sistema inmune.**

Hoy se sabe que los tratamientos iniciales que se aplicaron a los enfermos a los que se consideró contagiados por el SARS-CoV-2 se hicieron con la convicción de que estaban afectados de un problema respiratorio agudo similar al que causó su antecesor, el SARS-CoV, y padecían todos una especie de neumonía similar, pero pronto se comprobaría el error.

De hecho, **el uso de ventiladores en las unidades de UCI (unidad de cuidados intensivos) fue a menudo contraproducente y de ahí que cerca del 90 % murieran, aumentando el número de fallecidos.**

Muertes que por supuesto se achacaron luego al covid-19, y no al erróneo tratamiento médico.

Al igual que pasó con muchos ancianos enfermos que fueron abandonados sin tratamiento en las residencias de mayores al no permitirse su ingreso en los hospitales.

Serían médicos italianos quienes primero se darían cuenta de ello, constatando que muchos pacientes morían en realidad por microtrombos que terminaron colapsando sus pulmones.

De ello se inferiría luego, partiendo siempre de la base que el responsable tenía que ser el covid-19, que la causa debe estar en que éste se acopla a la hemoglobina liberando en sangre iones de hierro, perdiendo la hemoglobina su capacidad de unirse al oxígeno.

Y como éste no puede ser transportado no llega hasta los principales órganos, produciéndose en ellos una hipoxia que termina desembocando en la disfunción y colapso final de uno o varios.

En cuanto a las opacidades bilaterales observadas realizando TAC torácicos, se infirió que la causa es que el hierro liberado provoca daño oxidativo en los pulmones.

En suma, como el organismo no sabe la causa del déficit de oxígeno intenta resolver el problema sintetizando rápidamente más hemoglobina y ferritina, y de ahí que sus niveles aparezcan tan altos en la sangre de esos pacientes.

El resultado es que la sangre se espesa y de ahí la formación de coágulos, de microtrombos.

Sería así como los médicos tendrían que empezar a distinguir entre los pacientes que realmente tienen problemas respiratorios agudos y padecen gripe o neumonía, y quienes tienen déficit de oxígeno por la razón que acabamos de mencionar.

Lo que requieren son anticoagulantes, antiinflamatorios y antibióticos en caso de infección secundaria.

Pues bien, ese problema se sigue achacando hoy a un coronavirus ARN a pesar de que se ignora qué vía ha podido usar para ello, pero lo cierto es que el problema pudo haberlo provocado las radiaciones de la 5G, como hemos explicado antes.

Terminamos éste breve apartado, mencionando solo tres de los numerosos trabajos publicados que apoyan lo dicho.

El primero se publicó en el año 2.000 en Shock con el título "Oxidative stress precedes circulatory failure induced by 35-GHz microwave heating" (El estrés oxidativo precede a los fallos circulatorios inducidos por el calentamiento con microondas a 35 Ghz).

En él se sometió a ratas anestesiadas a radiofrecuencias de 35 Ghz (la mitad del espectro 5G) y comprobaron que las había provocado hipertermia, hipotensión, insuficiencia circulatoria y finalmente la muerte.

Dos años después, en 2.002, un grupo de investigadores rusos publicó en Biofizika el trabajo "Suppression of nonspecific resistance of the body under the effect of extremely high frequency electromagnetic radiation of low intensity" (Supresión de la resistencia inespecífica del organismo bajo el efecto de radiación electromagnética de muy alta frecuencia y baja intensidad).

Y constataron lo mismo en un grupo de ratones tras someterles a frecuencias de 42 Ghz.

Por último, en 2.010, otro grupo de investigadores publicó por su parte en Bioelectromagnetics el trabajo "Protein changes in macrophages induced by plasma from rats exposed to 35 GHz millimeter waves" (Cambios de proteínas en macrófagos inducidos por plasma de ratas expuestas a ondas milimétricas de 35 Ghz).

En el mismo se afirma que las ondas milimétricas de 35 GHz elevan la temperatura de la piel y provocan cambios en la frecuencia cardiaca, la frecuencia respiratoria y la presión arterial, pudiendo dar lugar ello a un colapso circulatorio.

Inoculación de virus por radiofrecuencias.

La tercera posibilidad puede parecerle al lector la más fantasiosa y sin embargo no es en modo alguno descartable. Todo lo contrario.

Recordemos que el uso de virus y bacterias como arma no es nuevo y que el incidente más antigüo documentado del uso de armas biológicas está registrado en textos hititas del 1.500-1.200 a.C., según los cuales personas con peste fueron llevadas a tierras enemigas para infectar a sus habitantes.

Tal aberración sería imitada luego por otros pueblos, incorporándose en el siglo XX agentes químicos tóxicos.

En fin, **que el SARS-CoV-2 puede proceder de un laboratorio dedicado a estudiar virus genéticamente modificados para ser usados como armas biológicas es algo no ya asumido, sino que se ha acusado a China de ello.**

Algo que es plausible hoy como se desprende de numerosos trabajos.

En 2.008 por ejemplo, se publicó en Methods of Molecular Biology un trabajo titulado "Manipulation of the coronavirus genome using targeted RNA recombination with interspecies chimeric coronaviruses" (Manipulación del genoma del coronavirus utilizando recombinación de ARN dirigida con coronavirus quiméricos entre especies).

Según el cual, es posible combinar virus para que afecten a más de una especie.

En 2.015 se publicó en Nature Medicine un trabajo titulado "A group of circulating bat coronavirus similar to SARS shows potential for human emergence" (Un grupo de coronavirus de murciélagos circulantes similares al SARS muestran potencial para provocar una emergencia en humanos).

En el que se cuenta que han creado un virus quimérico (no existe en la naturaleza) insertando un gen S del virus SHC014-CoV en el SARS-CoV para que infecten los pulmones de ratones y explican que tiene una "alta capacidad de replicación" y provoca graves daños.

Lo insólito, y de lo que nadie habla, es que su autor principal, Ralph Baric, asevera que el virus tiene la capacidad de transmitirse también entre humanos.

Porque puede adherirse a la enzima convertidora de angiotensina humana ll (ACE2) y replicarse en las células de las vías respiratorias humanas primarias. El resumen del trabajo termina diciendo:

"Basándonos en nuestros descubrimientos hemos creado sintéticamente un virus recombinante SHC014 infeccioso de longitud completa que posee una fuerte replicación viral, tanto in vitro como in vivo.

Nuestro trabajo sugiere un riesgo potencial de reaparición del SARS-CoV y de virus que circulan actualmente en poblaciones de murciélagos".

Lo explicaron en el año 2.015 y se trata de una investigación chino-norteamericana en la que participó la principal especialista china en virus procedentes de murciélagos.

En suma, actualmente **hay varios laboratorios, y no solo en China, que se dedican a manipular virus para lograr crear derivados que no solo infecten a una especie sino a varias, incluida la humana, que se repliquen más rápidamente y que sean mucho más patógenos.**

Luego la posibilidad de que el SARS-CoV-2 exista y tenga esas propiedades no es descartable aunque a día de hoy nadie haya publicado su aislamiento, condición indispensable para conocer su ARN o ADN y secuenciarlo. Cabe pues dudar aún de que el ARN facilitado por los chinos sea auténtico.

Lo que nadie explica es cómo, si existe, ha podido contagiar rápidamente a tantas personas de todos los continentes y, sobre todo, por qué los afectados viven principalmente allí donde se han instalado más antenas de la tecnología 5G.

De hecho, en los países limítrofes en los que no se ha instalado el número de presuntos "contagiados" y "muertos" por el coronavirus es mucho menor.

¿A qué espera pues la OMS (organización mundial de la salud) para dar una explicación racional y creíble, en lugar de limitarse a negar evidencias?.

Porque todo ello tendría explicación si resultara que el virus, o la "información patógena" que sea, se inocula en nosotros ¡implantándonos el ARN del SARS-CoV-2 mediante radiaciones electromagnéticas!.

Explicaría hasta lo que Bartomeu Payarés denomina el "efecto frontera" de ésta pandemia.

> **HAY VARIOS LABORATORIOS, Y NO SOLO EN CHINA, QUE SE DEDICAN A MANIPULAR VIRUS PARA LOGRAR CREAR DERIVADOS, QUE NO SOLO INFECTEN A UNA ESPECIE SINO A VARIAS, INCLUIDA LA HUMANA, Y ADEMÁS SE REPLIQUEN MÁS RÁPIDAMENTE Y SEAN MUCHO MÁS PAGÓGENOS.**

La fundamentación.

Para que el lector entienda que no se trata de una mera especulación fantasiosa, vamos a recordar investigaciones y trabajos que la mayoría de la gente desconoce.

Y vamos a empezar citando al Premio Nobel de medicina de 2.008, Luc Montagnier, porque gracias a sus trabajos hoy sabemos que todo ADN bacteriano y viral emite una radiación electromagnética de baja frecuencia propia que puede transmitirse tecnológicamente.

La comunidad científica optó por ignorar sus descubrimientos, porque pone patas arriba a la biología y de ahí que Luc Montagnier declarara:

"El día que admitamos que las señales electromagnéticas pueden tener efectos tangibles las utilizaremos.

A partir de ese momento podremos tratar pacientes con ondas electromagnéticas, aunque obviamente es un nuevo dominio de la medicina que mucha gente teme, especialmente la industria farmacéutica".

Comentario que demuestra que hasta Luc Montagnier ignora que tales dispositivos ya existen y se comercializan desde hace años.

Es más, se sabe desde hace más de un siglo que los mecanismos de la vida, los más elementales, allá donde la realidad física termina, están regulados por oscilaciones electromagnéticas, como consecuencia de que a cada átomo le corresponde un campo eléctrico.

De hecho, la coordinación intracelular e interorgánica se realiza en base a ondas electromagnéticas cargadas de la información necesaria para el buen orden metabólico, probablemente moderadas por una matriz enraizada en campos magnéticos ubicados a nivel cuántico.

Fue el conocido histólogo ruso Alexander Gurwitsch (1.874-1.954) quien concluyó que la división celular requiere un impulso externo, una señal proveniente del exterior que activa la mitosis.

Impulso externo que no sería sino una señal electromagnética a determinada frecuencia que excitaría los receptores moleculares de la superficie celular.

Fueron sus trabajos con bacterias y células los que revelaron al mundo la existencia de esa "radiación mitogénica", como la llamó, que desde entonces ha sido objeto de más de un millar de estudios, muchos de ellos publicados en revistas de alta calificación.

En la búsqueda de la huella electromagnética de la vida está otro ruso, el físico Georges Lakovsky (1.870-1.942), autor de la "Teoría de la oscilación celular", según la cual la vida es una cuestión de ondas electromagnéticas y se basa en los principios de resonancia.

De ahí que a su juicio pueda decirse que las células vivas son como pequeños osciladores que emiten y reciben información.

Poco tiempo después, el estadounidense Royal Raymond Rife (1.888-1.971) construiría pieza a pieza (cerca de 6.000) su microscopio universal, capaz de aumentar los objetos hasta 50 mil veces, siendo la primera persona del mundo en visualizar un virus.

Es más, en 1.931 afirmaría haber descubierto uno que causa cáncer y para demostrarlo provocó 400 tumores partiendo del mismo cultivo viral, investigando luego cómo destruir ése y otros posibles virus cancerosos.

Fue así como comprobó que el mejor método es la biorresonancia. Averiguó primero a qué frecuencia vibraban los distintos virus y bacterias y luego constató que emitiendo esa misma frecuencia hacia ellos, pero incrementando su intensidad, se pueden destruir.

De echo, elaboró una lista que llamó "Mortal oscillatory rates of specific pathogens" (MORs) o "Tasas oscilatorias mortales de patógenos específicos" con las frecuencias vibratorias de numerosos patógenos.

Causantes de enfermedades como el ántrax, la difteria, la sífilis, el tétanos, la tubercuosis, la influenza (virus de la gripe) y la neumonía, entre otras.

Comentó que "después de aislar virus y otros organismos patógenos pensé que igual era posible utilizar una frecuencia que resonara con sus constituyentes químicos y así desvitalizarlos (...).

En 1.931 descubrí cómo un virus transformaba una célula en cancerosa y luego cómo destruirlo con éxito, método de emisión de frecuencias que es eficaz para esa y otras enfermedades como pude observar directamente a través de mi microscopio universal.

Se trata de un tratamiento con el que no se destruye ningún tejido, no se siente ningún dolor, no se oye ningún ruido y no se nota ninguna sensación. Un tubo se enciende y 3 minutos después el tratamiento se completa.

El virus o la bacteria queda destruido y el cuerpo se recupera de forma natural del efecto tóxico de ese virus y/o bacteria".

Bueno, pues tan increíble descubrimiento sería inmediatamente silenciado.

Cabe citar también a la doctora Hulda Clark (1.928-2.009) quien aseveraba que todo microorganismo invasor patógeno puede ser destruido exponiéndolo a campos de la misma frecuencia en la que vibra y desarrolló un aparato que lo hace y se comercializa desde hace mucho tiempo: el zapper.

Hablamos de un generador de pulsos que puede emitir frecuencias entre 50 y 900 Khz.

Y, por supuesto, debemos mencionar los trabajos del doctor Franz Morell y el ingeniero alemán Erich Rasche quienes desarrollaron el MORA.

Se trata de un dispositivo capaz de captar las ondas negativas de los microorganismos patógenos de nuestro cuerpo y luego emitir ondas electromagnéticas de la misma longitud, alineadas espacialmente, igual de intensas y emitidas al mismo tiempo, pero invertidas, que permiten inactivarlos o destruirlos.

El agua del cuerpo es ¡cristal líquido!.

Mención aparte en ésta breve relación merece la bioquímica y bióloga mexicana Esther del Río, quien estudiando la naturaleza del agua interna de nuestros organismos constató que es en su mayor parte cristal líquido en forma de clatratos $(H_2O)37$.

Es decir, un estado intermedio de la materia estable ¡que posee las propiedades de los líquidos y los cristales ópticos!.

Ello explica que la luz y, por ende, la energía, pueda recorrer nuestro organismo a velocidades increíbles, transmitiendo información y que sea incluso capaz de "almacenar" datos o información.

De hecho asevera que la interrupción de esa transmisión en una zona concreta del cuerpo puede bloquearla, al quedar aislada tanto a nivel fotónico como electromagnético, llevando a la persona a enfermar.

El primero en hablar de microcristales como una fase del agua fue el dos veces Premio Nobel Linus Pauling (1.901-1.994), en la década de los 50 del pasado siglo XX.

Pero la doctora Esther del Río fue más allá y descubrió que es el agua lo que permite la conexión electromagnética y fotónica de todo el cuerpo, que es a través de ella como circula la energía vital del organismo de la que han hablado siempre las culturas orientales.

Le ha dado así soporte científico a diversas terapias energéticas, entre ellas la homeopatía y la acupuntura.

En pocas palabras, nuestro organismo es en realidad como un gran ordenador capaz de relacionarse en millonésimas de segundo, tanto con el interior como con el exterior, así como con el disco duro, el cerebro, haciéndonos virtualmente seres cibernéticos.

¿Cómo no nos van a afectar pues las radiaciones electromagnéticas?.

De hecho, ¿cómo creen quienes niegan algo tan evidente que funcionan los electrocardiogramas, los electroencefalógrafos, los marcapasos, los desfibriladores o los TAC, entre otros muchos dispositivos?.

Negar la naturaleza bioeléctrica de nuestros cuerpos solo denota ignorancia.

> **NUESTRA AGUA INTERNA ESTÁ COMPUESTA DE CRISTALES LÍQUIDOS EN FORMA DE CLATRATOS, QUE PERMITEN QUE LA LUZ VIAJE A VELOCIDADES INCREÍBLES POR EL ORGANISMO TRANSMITIENDO INFORMACIÓN.**

El ADN puede transmitirse mediante ondas electromagnéticas.

Hecho éste breve preámbulo, que nos ha parecido necesario dada la cantidad de ignorantes y sinvergüenzas al servicio de intereses bastardos que niegan la posibilidad de que las radiaciones electromagnéticas nos afecten, vamos a recordar ahora algunos de los trabajos de Luc Montagnier relacionados con éste tema.

Plasmaría los resultados de su novedosa línea de investigación en tres artículos:

El primero de ellos es "Electromagnetic signals are produced by aqueous nanostructures derived from bacterial DNA sequences" (Señales electromagnéticas producidas por nanoestructuras acuosas derivadas de secuencias de ADN bacteriano), de 2.009. Continuó con "DNA waves and water" (Ondas de ADN y agua), de 2.010.

Y finalizó con "Transduction of DNA information through water and electromagnetic waves" (Transducción de información de ADN a través de agua y ondas electromagnéticas), de 2.015.

Se trata de tres trabajos de indudable valor, considerados "heréticos", en los que Montagnier explica que la información genética de virus y bacterias puede transmitirse electromagnéticamente al agua.

Utilizando un dispositivo de amplificación inventado en la década de 1.980 por el doctor Jacques Benveniste para capturar las emisiones de luz ultrabajas de las células, Montagnier filtró las partículas de ADN bacteriano presentes en un tubo con agua.

Seguidamente diluyó el líquido homeopáticamente hasta que no hubiera materia alguna y descubrió que aún así el líquido continuaba emitiendo ondas de frecuencia ultrabaja.

Pues bien, al menos dos ideas básicas pueden extraerse de su investigación.

La primera es que si el ADN de virus y bacterias es capaz de transmitir al agua su "huella electromagnética", lo lógico es que ocurra lo mismo con cualquier otra entidad viva.

Y la segunda es que si esa huella electromagnética puede transmitirse entre recipientes separados físicamente, debe ser posible también mediante la emisión de radiofrecuencias actuar sobre el agua interna de cualquier ser vivo, incluidos los humanos, tanto positiva como negativamente.

Especialmente sabiendo que nuestra agua interna está en realidad compuesta de cristales líquidos en forma de clatratos que permiten que los fotones viajen a velocidades increíbles por el organismo transmitiendo información, como antes comentamos.

Ignoramos si Montagnier tiene conocimiento de ésto, aunque suponemos que no. Como ignoramos si sabe que antes que él otros investigadores constataron que se pueden transmitir al agua, y a un organismo, frecuencias benéficas o patógenas, es decir, "informaciones" mediante dispositivos electrónicos.

Lo que el equipo de Montagnier sí ha descubierto es que la información electromagnética viral o bacteriana presente en forma de nanoestructuras en un recipiente ¡puede transmitirse por mera biorresonancia a otro recipiente con agua pura, poniendo simplemente los dos en contacto físico!.

Es decir, que la información patógena presente en forma de nanoestructuras inmateriales del agua que inicialmente contuvo el virus o la bacteria, puede transmitirse por biorresonancia a un recipiente sin que los líquidos estén en contacto.

Y no solo eso: comprobaron que el agua del nuevo recipiente que jamás estuvo en contacto directo con patógeno alguno, tenía capacidad infecciosa.

Mayúscula sorpresa que les llevaría preguntarse si bastaba además esa información o huella electromagnética para encontrar la secuencia de ADN del envase original.

Para resolver la cuestión, añadieron al tubo de agua receptor todos los ingredientes necesarios para sintetizar el ADN por reacción en cadena de la polimerasa (nucleótidos, cebadores y polimerasa).

La amplificación se realizó bajo condiciones clásicas (35 ciclos) de la técnica PCR en un termociclador, aparato que permite realizar los ciclos de temperaturas necesarios para amplificar el ADN, y lograron detectar un fragmento del ADN original cuya secuencia era idéntica en un 98%.

En suma, una información patógena puede transmitirse por biorresonancia, pero también mediante dispositivos de transmisión electromagnética.

El propio Montagnier lo demostró en el experimento que se realizó por primera vez en Julio 2.005, repitiéndose y filmándose para un documental que se emitió en 2.013, en el canal de televisión del país galo France 5.

En un laboratorio de París se tomó un fragmento de ADN viral, presuntamente del VIH, se echó en un recipiente de agua a una concentración de 2 ng/ml. y a continuación se filtró, para luego diluirla en 9 partes de agua estéril, operación que se repitió sucesivamente 10 veces.

Comprobando que del tubo seguía emanando una débil señal electromagnética, se grabó y guardó en un archivo digital wav de 6 segundos de duración.

La señal digital se enviaría entonces por correo electrónico a Italia, donde la recibieron el profesor de biología molecular de la universidad de Samnio Benevento, Vittorio Colantuani, y el profesor de física de la universidad de Salerno, Giuseppe Vitiello.

Recibida la señal electromagnética, se emitiría durante una hora sobre un tubo sellado que contenía agua pura y a continuación se sometió su contenido a la técnica PCR, encontrándose que daba positivo con una similitud respecto al ADN original del 98%. La transducción había funcionado.

Fue tan llamativo que varios laboratorios italianos y alemanes repetirían el experimento para corroborar si era cierto.

Como se recuerda en el propio trabajo que el equipo de Montagnier publicaría en 2.015 en Electromagnetic biology and medicine, con el título "Transduction of DNA information through water (Transducción de información de ADN a través del agua).

Uno de ellos en la universidad de Göttingen (Alemania), usando un archivo grabado y digitalizado procedente del ADN ribosómico de la borrelia burgdorferi, garrapata causante de la enfermedad de Lyme.

La señal digital se envió vía internet desde el laboratorio francés, siendo luego convertida en analógica, amplificada y conectada a un solenoide en el que se insertó un tubo de agua que se sometió a un campo magnético modulado durante una hora.

Usada de nuevo la técnica PCR se detectaría el ADN original tras 40 ciclos de amplificación.

Por cierto, Luc Montagnier se fue a trabajar en 2.010 a uno de los centros tecnológicos más importantes del mundo, ubicado en ¡la universidad Jiao Tong de Shanghái (China)!.

Una vez digitalizada la señal del virus, se convertiría de nuevo en una señal electromagnética transmisible.

Y por ejemplo se podría integrar de forma similar a los infrasonidos en las señales de telecomunicación habituales al pasar por las estaciones base, o bien emitirse como única señal imperceptible en momentos y lugares determinados.

Terminamos recordando que los infrasonidos de entre 0 y 16/20 Hz, imperceptibles para el oído humano, se propagan muy bien en el aire, pero también en el agua, el gas, la tierra y las estructuras sólidas, y que las señales electromagnéticas utilizadas por Montagnier son emisiones de muy baja frecuencia.

Según reconocieron en 2.011 los Institutos nacionales de salud de Estados Unidos, pueden producir fatiga, trastornos de sueño, pérdida auditiva, apatía, confusión, náuseas y desorientación.

Hablamos de sonidos inaudibles para nosotros que sin embargo pueden alterar nuestro organismo, e incluso dañarnos. Poca gente lo sabe, pero se han usado en películas sin informar al público de ello, para inducir ansiedad, tristeza, angustia, palpitaciones, temblores o miedo.

Así lo reconocieron por ejemplo los productores del thriller psicológico "Irreversible" (2.002), de Gaspar Noé. Los primeros 30 minutos de la película llevaban una composición musical que emitía a unos 27 Hz, difícil de escuchar.

Pero que se sentía en el tórax y algunos espectadores confesaron sentirse desorientados y enfermos durante ese tiempo.

En fin, de lo reseñado de manera somera en las líneas precedentes se desprende que **la posibilidad de que pueda transmitirse directamente a seres humanos, seres cibernéticos compuestos de un 80/85% de agua** (buena parte de la cual tiene forma de clatratos), **información patógena mediante emisiones electromagnéticas, no es en modo alguna descabellada.**

Que haya sido o no así, es lo que habrá que dilucidar.

Miguel Bosé, el famoso cantante español, tampoco tuvo reparos a la hora de evaluar la situación, incendiando las redes sociales con unas fuertes declaraciones.

En un tuit acusa a los gobiernos, nombrando explícitamente al de España, de mentir con las medidas de restricción del coronavirus (covid-19).

Su comentario lo hizo en respuesta a un vídeo de menos de dos minutos donde se muestra como en la ciudad de Ginebra (Suiza) unos ciudadanos actúan con total normalidad en un día soleado.

Disfrutaban de paseos y terrazas sin ningún tipo de distancia social ni medidas de seguridad como mascarillas.

La voz de la persona que graba el vídeo va describiendo lo que capta con el objetivo de la cámara. Asegura que es el día 1 de Junio (2.020) e insiste varias veces en que Ginebra es la sede de la OMS (organización mundial de la salud) que declaró la pandemia.

Miguel Bosé, acerca de ello, comenta que Suiza, como los países nórdicos de Europa, saben desde el principio de la gran mentira de los gobiernos, el de España incluido.

El comentario del artista español provocó una ola de aplausos que fueron en aumento conforme pasaban las horas.

Ya había publicado algún tuit crítico con las medidas que se están tomando en algunos países, como España, en los que se ha decretado el uso obligatorio de la mascarilla en determinados espacios y situaciones.

Sin ir más lejos, el pasado 31 de Mayo (2.020) compartió en su cuenta de twitter un texto referente al uso de la mascarilla y donde escribía que dejaran de tratar a todos, en alusión a los gobiernos, como una piara.

Ahora es **uno de los periódicos más prestigiosos del mundo** el que **se pronuncia con un impresionante juicio. Se trata de "The New York Times", con casi dos siglos en el mercado y más de un centenar de premios pulitzer obtenidos**.

Éstas últimas semanas ha reaparecido un vídeo de una conferencia que el multimillonario magnate informático y filántropo Bill Gates impartió en 2015.

En el mismo aseguraba que el mayor riesgo para la humanidad no era una guerra nuclear, sino la aparición de un virus muy infeccioso que podría acabar con la vida de millones de personas.

Las visualizaciones de este vídeo aumentaron hasta superar los 27 millones de reproducciones. La recuperación de éstas imágenes desembocó en las especulaciones que relacionan al magnate de Microsoft con el covid-19. Pero éste era solo el comienzo.

Pues bien, un análisis de The New York Times señala que Bill Gates se ha convertido en objetivo masivo de las teorías de la conspiración que surgen en la red.

En concreto, se le relaciona con el covid-19 por tres frentes: creador del virus, beneficiario de la vacuna para erradicarlo y vigilante de la población mundial a través del control del virus.

Un estudio de la compañía de análisis de medios Zignal Labs descubrió que las publicaciones en las redes sociales, que afir-

maban falsamente que el fundador de Microsoft diseñó el virus, habían explotado desde principios de éste año.

¡El periódico detalló que en ese estudio se encontraron más de 16.000 publicaciones en Facebook sobre Bill Gates y el covid-19 y que ésta cuestión había generado alrededor de 900.000 me gusta y comentarios.

Además, los 10 vídeos más populares de YouTube en Marzo y Abril 2.020, que difundían información errónea sobre el magnate, habían atraído cinco millones de visitas.

El periódico rastreó cuándo fue la primera vez que se mencionó a Bill Gates relacionándolo con el virus y se encontró con un tuit a finales de Enero de un seguidor de QAnon, una corriente de adeptos a Donald Trump, actual presidente de EEUU, que luchan contra los traidores del "estado profundo".

En la citada mención se aseguraba que Gates conocía de antemano la pandemia, señalando una patente de vacuna presentada por un grupo británico llamado Instituto Pirbright que había recibido fondos de La Fundación Gates.

Ésta información fue recogida dos días después por Infowars, teoría de conspiración estadounidense de extrema derecha y sitio web de fake news.

A finales de Enero, el portal de verificación de datos Full Fact desmintió los rumores que circulaban en las redes sociales acerca de que el Instituto Pirbright había solicitado una patente relacionada con el covid-19. La vacuna estaba relacionada con un coronavirus diferente que afecta a las aves.

El aumento de las teorías de la conspiración que culpan a Gates del coronavirus encuentra su altavoz en figuras de extrema derecha y perfiles de gente anti-vacunas.

Por ejemplo, Roger Stone, exasesor de Donald Trump condenado a 40 meses de prisión por delitos relacionados con la campaña del presidente en 2016, que declaró que si existe la posibilidad de que Bill Gates jugara algún papel importante en la creación del virus, se debería abrir un debate.

De hecho, Bill Gates nunca ha mostrado simpatía por Donald Trump. En una ocasión llegó a decir entre risas que el presidente no sabía muy bien cuál era la diferencia entre el VIH y el VPH, virus del papiloma humano.

También en una de sus últimas intervenciones aseguró que no estaba de acuerdo con la decisión de Donald Trump de retirar los fondos destinados a la Organización Mundial de la Salud.

Otra de las personas que avivaron las teorías contra Bill Gates fue Robert F. Kennedy Jr., hijo del exsenador Robert F. Kennedy, quien hace campaña contra las vacunas como director de la red de Defensa de la Salud de los Niños.

En su cuenta de Instagram, Robert F. Kennedy Jr. dijo que Bill Gates está a favor de las vacunas para alimentar sus otros intereses comerciales. El 14 de abril, Robert F. Kennedy Jr. publicó una caricatura de un sonriente Sr. Gates con una jeringa y una leyenda: "Tu cuerpo, mi elección".

También el periódico tiene palabras para la "fundación Bill y Melinda Gates", que lleva el nombre de su fundador y el de su esposa. Es la fundación privada de caridad más grande del mundo y en mayo de 2006 fue galardonada con el Premio Príncipe de Asturias de cooperación internacional.

Bill Gates ha canalizado su labor filantrópica a través de ésta entidad que trabaja para distribuir vacunas en países en vías de desarrollo, aboga por la planificación familiar mediante un mayor uso de anticonceptivos y ha financiado el desarrollo de cultivos genéticamente modificados.

Éstas iniciativas han provocado acusaciones de que Gates estaba dispensando a los pobres del mundo medicinas innecesarias y cultivos dañinos.

En Enero 2.020, cuando comenzó la propagación del coronavirus (covid-19), la fundación donó 10 millones de dólares (algo más de nueve millones de euros) para ayudar a los trabajadores sanitarios en China y África.

En Abril, Bill Gates intervino en el programa The Daily Show y dijo que su fundación financiaría laboratorios para las siete posibles vacunas más prometedoras.

Hace una semana, subió su donación para combatir la propagación de la enfermedad hasta los 250 millones de dólares (unos 230 millones de euros).

Sin embargo, a pesar de sus esfuerzos y en paralelo, los bulos sobre Bill Gates se extienden más que el propio virus.

Las últimas informaciones apuntan a que su fundación, la OMS y el instituto de virología de Wuhan han sufrido un supuesto hackeo en el que se habrían filtrado correos electrónicos y contraseñas, con el fin de utilizarlos para extender informaciones falsas haciéndose pasar por trabajadores de éstas entidades.

Mediterráneo Digital, uno de los periódicos digitales más seguidos de España nos maravilla con tres publicaciones de Laureano Benítez Grande-Caballero, licenciado en Historia Contemporánea, y profesor jubilado.

Conferenciante y articulista político en periódicos digitales, ha escrito 35 libros. Sus dos últimas obras son 'El Himalaya de mentiras de la Memoria Histórica' y 'La Patria traicionada: España en el Nuevo Orden Mundial'.

Laureano Benítez **nos desvela una información impactante**, pero que sabe llegar al lector con un lengüaje original y apropiado para el mensaje que quiere transmitir.

La primera de ellas la titula "el coronavirus del globalismo: ¿de dónde ha salido el Covid-19?".

En un mundo donde no cae una hoja al suelo sin que lo dictamine la mafia luciferina que maneja el cotarro en este Planeta, es absurdo pensar que los acontecimientos catastróficos que afectan a la humanidad en su conjunto no están diseñados y planificados por la élite psico y sociopática obsesionada por el globalismo y el gobierno Mundial.

Partiendo de ésta certeza, desde el primer momento supe que el virus no se había escapado de ninguna sopa de murciélago, certeza que empezó a alimentar mis dudas.

Las mismas acabaron por conformar una constelación de interrogantes e incertidumbres que había que investigar, al margen, por supuesto, de los canales mediáticos del sistema, que vierten a espuertas su espuria propaganda, haciéndola pasar por información.

El conjunto de éstas preguntas conforman una especie de rompecabezas, donde cada interrogante es una pieza que hay que encajar con las demás.

Una a una, poco a poco, hasta conseguir ver el dibujo final, la imagen definitiva, que nos da la visión acabada del propósito de la trama escondida en ésta pandemia.

Es decir, qué es lo que pretenden conseguir con ella quienes la diseñaron y ejecutaron.

La estrategia para desarrollar una investigación de este nivel parte de una premisa inicial muy sencilla, pero sumamente eficaz: esta pandemia, ¿a quién beneficia? ¿Qui prodest?.

Sin embargo, no es del todo punto exacto afirmar que el dibujo final de este rompecabezas está oculto, escondido bajo siete llaves y bajo incontables velos de misterio, en mazmorras carbonarias...

No, ni mucho menos, ya que la casta luciferina que marionetea el mundo no tiene ya ningún reparo y ningún tapujo en declarar abiertamente sus malvados propósitos.

En la confianza absoluta de que las masas de borregomatrix que han lobotomizado durante tanto tiempo no van a entender nada ni de lo que digan ni de lo que hagan los prebostes que dirigen sus vidas hacia el despeñadero.

Oigamos, por ejemplo, al jefe supremo del NOM, al fallecido ultramegaconspirador David Rockefeller, que decía éstas palabras memorables en una cena con embajadores de la ONU.

Creada bajo su auspicio, hasta el punto de que incluso cedió en la Gran Manzana el solar para que levantaran allí el edificio que la alberga:

«Estamos al borde de una transformación global: todo lo que necesitamos es una gran crisis y las naciones aceptarán el nuevo orden mundial». ¿Gran crisis?: voilá, aquí la tenemos ya.

El primer interrogante que debemos hacernos es si el coronavirus es natural, o ha sido manipulado en un laboratorio. ¿Se originó el virus en China, o en EE.UU? ¿Por qué apareció la pandemia en China? ¿Cuál es el objetivo real de la pandemia?, etc.

Virus los ha habido siempre, pero con el avance de la medicina, en especial las vacunas, su poder mortífero estaba en franca decadencia, como sucede con la viruela y el sarampión.

Dos pandemias de amplia raigambre histórica que han diezmado con frecuencia a la población mundial, junto con el cólera, el tifus...

Pero, como ya no queda prácticamente ninguno de esos virus «históricos», asistimos al sospechoso fenómeno de la aparición en tiempos recientes de un conjunto de epidemias causadas por extraños virus que surgen de la nada.

Arrasan con todo lo que pueden antes de desaparecer o quedar latentes: vacas locas, grite aviar, gripe porcina, SIDA, SARS, MERS, Ébola, Zika,... y ahora asistimos al dantesco espectáculo del coronavirus.

Es un mundo altamente tecnificado, donde existen laboratorios de biotecnología capaces de crear microorganismos en sus siniestras retortas para usarlos como armas bacteriológicas y virológicas.

Donde el mal que infecta a las élites satánicas que controlan el mundo es absolutamente pasmoso (derivado de su odio atávico

a la especie humana), no hay que caer en la conspiranoia para sospechar que esa nueva generación de virus puede haber sido creada a propósito para conseguir oscuros fines.

Por supuesto, van encaminados a la facilitación del nuevo orden mundial.

Y no es que ésto sea una mera sospecha o posibilidad, ya que es un hecho plenamente demostrado y documentado que todos los virus que antes hemos mencionado tienen su patente respectiva, lo cual quiere decir que han sido fabricados.

Otro factor importante a tener en cuenta es que los prebostes de las empresas multinacionales en el campo de la farmacéutica, del material sanitario, y de las dedicadas a la biotecnología forman parte de esta casta luciferina correveidile de Lucifer.

De los siete coronavirus conocidos que pueden infectar al ser humano, solamente tres han causado brotes epidémicos de cierta relevancia: el SARS-CoV (2002-2003), el MERS-CoV (2012-actualidad) y ahora el SARS-CoV-2 2019, que se desconoce hasta cuándo estará presente.

El Instituto Médico Howard Hughes con una dotación de 18,2 mil millones de dólares es la segunda organización filantrópica más rica en los Estados Unidos y la segunda Fundación de investigación médica mejor dotada en el mundo, con la que colabora la Fundación Bill & Melinda Gates.

Dicho Instituto, en el año 1994, publicó un exhaustivo estudio científico titulado «Coronavirus: cómo se replica y transcribe un genoma viral de ARN», donde se desarrollaba una hoja de ruta sobre la posibilidad de crear nuevos coronavirus.

A raíz de éste trabajo, en 2003 surgió el coronavirus llamado SARS-CoV, y en 2013 hubo un nuevo brote vírico, provocado por el coronavirus MERS-CoV.

En Diciembre del año 2015, la Biblioteca Nacional de medicina de EEUU, perteneciente a los Institutos Nacionales de Salud, publicó un documento científico bajo el título de «Un grupo similar al SARS de coronavirus de murciélago circulante muestra potencial para la emergencia humana».

En el mismo se reconoció públicamente por primera vez que se podía crear un nuevo coronavirus en un laboratorio, lo que generó muchas preguntas sobre los verdaderos orígenes del brote de pandemia del covid-19.

En efecto, en el año 2013 se creó un virus quimérico, consistente en un virus del SARS al que se le injertó el gen de la proteína de la corona del coronavirus de murciélagos.

Éste coronavirus quimera, al que bautizaron RsSHC014-CoV, lo usaron para infectar ratones que, luego, murieron de una enfermedad respiratoria severa que acababa con sus pulmones.

Después, como parte del mismo experimento, tomaron ese virus y con él infectaron células pulmonares humanas. Los científicos pudieron observar cómo este coronavirus las destruía.

Las investigaciones más recientes ha mostrado que el covid-19 se diseñó a partir del virus del SARS, modificándolo con una técnica de inserciones de aminoácidos en su genoma que podríamos calificar de verdaderos injertos, entre los cuales destaca una secuencia de aminoácidos presente también en el virus del sida (VIH).

Razón por la cual en la pandemia actual se están utilizando con eficacia los medicamentos contra el SIDA para combatirla.

Para decirlo de otra manera, al virus del SARS se le quitaron cuatro de esas «púas» que forman su corona, formadas por proteínas de espiga, para injertarle cuatro púas del virus del SIDA.

Estas «púas» o «espinas» se unen a la proteína ACE2, presente en la membrana de un grupo de células humanas, presentes especialmente en el aparato respiratorio, actuando de igual modo que si fuera una llave abriendo una cerradura.

Y luego, una vez dentro, replican su material genético, creando copias que destruyen la célula y después infectan otras.

El gran problema que presenta éste virus es que solamente se acopla a la célula mediante éste receptor, por lo cual su acción es más lenta, y ésto provoca que la persona infectada tarde más tiempo en mostrar los síntomas.

Ésto deriva en que puede contagiar a muchas personas sin saberlo en el trascurso de su actividad cotidiana, al no saber que está contagiado.

Sin embargo, otros coronavirus se acoplan a la vez a distintos receptores celulares humanos, con lo cual los síntomas se manifiestan rápidamente, hecho que llevaba persona infectada a aislarse, evitando así contagiar a otras.

Es por ello que provocan más mortalidad que el coronavirus actual, ya que el SARS tiene una letalidad del 2%, mientras que la del covid-19 en circunstancias normales es del 2%, a pesar de que la enfermedad que provocan es bastante similar.

Aquí radica la gravedad de la pandemia, ya que, al aumentar el número de contagiados en el covid-19, se colapsan los servicios sanitarios, fomentando la alarma social.

El investigador estadounidense experto en armas biológicas Francis Paul asegura que éste coronavirus es un subconjunto de los virus llamados "agentes biológicos".

Que su ADN, ácido desoxirribonucléico, que contiene las instrucciones genéticas usadas en el desarrollo y funcionamiento de todos los organismos vivos, es manipulado en los laboratorios científicos para mutar su estructura nociva en una más agresiva para los seres vivos y destinarlo así a actividades de guerras biológicas.

Entre los virus que se engendran mediante manipulación humana, éste experto señala que el síndrome respiratorio agudo grave (SARS, por sus siglas en inglés) surgido en 2.002 también en China.

Y el síndrome respiratorio del Medio Oriente (MERS, por sus siglas en inglés) aparecido en 2012 en Arabia Saudí al igual que el carbunco, más conocido como ántrax, todos se han producido en laboratorios de la Universidad de Carolina del Norte (el llamado Chapel Hill).

En tal sentido, Francis Paul sostiene que los experimentos e investigaciones sobre éstos virus o armas biológicas se llevan a cabo en laboratorios llamados «niveles biológicos de salud» y en particular se desarrollan en los de nivel 4.

Cabe destacar que Estados Unidos cuenta con 12 laboratorios de éste nivel 4 en toda su red de laboratorios de este tipo.

Hay incluso científicos que postulan que las alteraciones del virus del SARS para mutarse en el covid-19 pudieron hacerse a través de las radiaciones electromagnéticas del 5G.

En éste sentido, el Doctor Dietrich Kilnghardt, especialista en trastornos autoinmunes en lo que se refiere a los campos electro-

magnéticos, descubrió que la tasa de mortalidad más alta en Estados Unidos se encuentra en la zona de Kirkland (Washington).

Dándose el hecho de que Kirkland es una de las cinco ciudades en el país que ya han sido cableadas para el 5G, y que el hospital Evergreenhealth, donde se ha producido el mayor número de defunciones, es el único del país conectado a la red 5G: de diez pacientes diagnosticados con el virus, 6 fallecieron (60% de mortalidad).

Según Renee Parsons, de Global Research, «si hemos aprendido algo desde 1963, es cuestionar todo lo que nos dice el Big Government, Big Media y Big Money, ya que siempre hay más que la historia "oficial".

Con demasiadas incógnitas aún por responder, no hay duda de que un bio-bicho de orígenes inciertos, quizás orientado electromagnéticamente 5G, está suelto dentro de la atmósfera de la Tierra».

El más firme defensor de la teoría de que la progresiva implantación del 5G está originando la pandemia es Thomas Cowan, vicepresidente de la Asociación de Médicos para Medicina Antroposófico.

En el transcurso de una conferencia que dictó el pasado 3 de marzo afirmaba que «cada pandemia de los últimos 150 años coincide con un salto cuántico en la electrificación de la Tierra», exponiendo las pandemias producidas por la introducción de las bandas de radio, de los radares, y de los satélites.

Y, ¿cuál fue la primera ciudad del mundo en implementar el 5G?: pues Wuhan. También opera en Milán, la ciudad italiana más afectada por la pandemia: ¿casualidad?.

La siguiente publicación, también fascinante, con la que nos obsequia Laureano Benítez lleva por título **"el artículo censurado: el covid-19, la bestia de la globalización"**.

Desde luego, en la historia ya se han dado casos de guerras químicas y bacteriológicas, pero habría que preguntarse si en nuestro planeta tenemos ahora personajes depravados a los que les guste el olor del napalm por las mañanas, lo suficientemente perversos como para desatar una pandemia mundial.

Con el horror sanitario y económico que ésto implica: evidentemente, sí. Entre otras razones, porque esas mentes luciferinas son precisamente quienes han creado las armas biológicas.

La élite diabólica del nuevo orden mundial siente un profundo asco por las masas, una patológica falta de empatía por la humanidad, pues para ese perverso contubernio somos un despreciable rebaño.

Una muchedumbre de esclavos lobotomizados, pura mercadería, carne de cañón para sus experimentos apocalípticos, una fauna molesta que hay que reducir al máximo.

Basta solamente con utilizar el sentido común para comprender que, unos personajes absolutamente malvados que han sido capaces de...
construir armas nucleares que pueden destrozar la humanidad varias veces,
que han diseñado y ejecutado guerras devastadoras,
que han protagonizado sangrientas revoluciones para liquidar el orden natural del mundo y la civilización cristiana occidental,
que provocan crisis económicas demoledoras que llevan a la ruina y al hambre a amplias capas de la población,
que fumigan los cielos con sustancias ponzoñosas para cambiar el clima en orden a causar sequías y para, dicen algunos, hacer menos fértil a las poblaciones,

que ya conspiran directamente y sin tapujos con la manipulación de las mentes y la liquidación física de las personas a través del letal 5G que asoma ya en el horizonte...

Es suficiente, en suma, tener un poco de sentido crítico para comprender que a éste siniestro contubernio le importa una higa la suerte de la humanidad, y no solamente eso, sino que están haciendo todo lo posible desde hace mucho tiempo para liquidarla.

Uno de los primeros teóricos de la eugenesia (aplicación de las leyes biológicas de la herencia al perfeccionamiento de la especie humana) fue Sir Francis Galton, en los años de la década de 1880.

Primo nada más y nada menos que del eximio Charles Darwin, quien bajo su evolucionismo a duras penas escondía sus ideas eugenésicas.

No hace falta que lo diga, pero ese señor tuvo financiación de la Fundación Rockefeller, y del Instituto Carnegie, dos joyas de la corona globalista, y de otras corporaciones en la misma línea.

Tampoco hace falta que lo diga, pero ese tal Galton pertenecía a la logia masónica londinense conocida como X Club.

En su libro «El genio hereditario», afirma que «En vez de ejecutar a los degenerados o de dejarles que mueran por su propia imbecilidad, es mejor que la sociedad pueda evitar a tiempo que los manifiestamente inútiles tengan descendencia».

En 1955, Alan Gregg, de la Fundación Rockefeller, ¡cómo no!, describió por primera vez el género humano como un «crecimiento cancerígeno» sobre el planeta Tierra que podría con el tiempo destruirse: «la superpoblación es un cáncer; nunca he oído que un cáncer se curara alimentándolo».

Christopher Manes, por su parte, afirma que «la extinción de la especie humana no sólo es inevitable, es una buena cosa».

En esa misma línea, Maurice Strong sentencia que «¿no es la única esperanza para el planeta que las civilizaciones industrializadas colapsen?, ¿no es nuestra responsabilidad que eso suceda?».

Un destacado lugar de honor en ésta galería de monstruos lo ocupa el demente genocida Robert McNamara, obsesionado por el control de la población, que fuera secretario de defensa con Kennedy y Johnson, y responsable principal de la guerra del Vietnam.

Un ser de una malignidad imposible de describir, que lanzaba frases casi imposibles de creer:

"Creo que la raza humana tiene que pensar en los asesinatos. ¿Cuánto mal se debe hacer con el fin de hacer el bien?"

"Hay que tomar las medidas para la reducción demográfica del globo terráqueo, aún en contra de la voluntad de sus respectivas poblaciones. La reducción del índice de natalidad ha sido un fracaso.

Por eso tenemos que aumentar la tasa de mortalidad por medios naturales, por el hambre y por la inoculación de todo tipo de enfermedades".

¡¡¡IMPRESIONANTE!!!

Sin embargo, de todas las declaraciones de esta mafia genocida, la más demencial es la que se consignó en una publicación de Pearce and Turner de 1.995, que habría firmado el mismo Satanás:

«Si no hay suficiente comida para alimentar el excesivo número de gente (los pobres y las masas) ellos deben ser lanzados fuera de la borda (asesinados por guerras o epidemias).

Éstos "razonamientos" proveen una justificación para controlar la curva del crecimiento poblacional y la destrucción del exceso de población por cualquier medio, incluyendo las guerras, los genocidios, las epidemias, las hambrunas, las depresiones económicas y hasta el terrorismo».

Como se puede observar en esa tremenda declaración, las epidemias también están incluidas en la estrategia de las carnicerías, porque ¿le temblará acaso el pulso a estos psicópatas para crear virus letales que sirvan a sus fines conspiradores?.

Una mente tan pervertida y corrupta como la que tienen estos gerifaltes diabólicos, ¿renunciará acaso a la posibilidad de utilizar sus perversas creaciones de laboratorio para crear pandemias que contribuyan a la instauración de su maquiavélico gobierno mundial?.

El megamillonario Bill Gates es probablemente el globalista más obsesionado con el control de la población, objetivo prístino que se esconde bajo su Fundación, maquillada como «filantrópica».

Sobre éste punto, hay que recordar que el cofundador de Microsoft, el mismo Bill Gates, es nieto del abogado William H. Gates I.

Miembro destacado de la sociedad eugenésica americana, que participó en el año 1927 en la realización de una conferencia mundial de población, cuya principal promotora fue la ya mencionada Margaret Sanger.

Por ese entonces, como propósito declarado, las sociedades de eugenesia de Estados Unidos e Inglaterra procuraban la esterilización de las «personas manchadas por su origen» o de «poco valor cívico» (enfermos, latinos, negros, indígenas, católicos).

Por su parte, William Henry Gates II, el padre de Bill Gates, fue prácticamente el jefe de la International Planned Parenthood.

Ante ello hay que ser muy ingenuo para creer que el cofundador de Microsoft se haya pasado con armas y bagajes a las filas de la filantropía, habiendo mamado tantas toneladas de eugenesia y control de la población, y más cuando su papá es el ideólogo de la Fundación Bill & Melinda Gates.

En una entrevista con Bill Moyers en 2003, Bill Gates admitió que su padre era el responsable de Planned Parenthood, que fue fundada bajo el concepto de que todos los seres humanos son «reproductores insensatos» y «malas hierbas humanas» que necesitan ser erradicadas de forma selectiva.

Galton a tope, por lo que se ve.

Bill Gates lleva unos años prediciendo la explosión en el mundo de una pandemia viral grave, lo cual, en una persona deseosa de reducir la población mundial, y comprometida en una red de empresas centradas en la fabricación de vacunas, transgénicos, y agroquímicos, resulta de lo más sospechoso.

Por ejemplo, presten atención a lo que éste multiconspirador «filantrópico» discurseaba en la Conferencia de Seguridad en Munich, celebrada en 2017:

«También es cierto que la próxima epidemia podría originarse en la pantalla de la computadora de un intento terrorista de usar ingeniería genética para crear una versión sintética del virus de la viruela... o una cepa súper contagiosa y mortal de la gripe. [...]

Ya sea que ocurra por un capricho de la naturaleza o de la mano de un terrorista, los epidemiólogos dicen que un patógeno en el aire que se mueve rápidamente podría matar a más de 30 millones de personas en menos de un año.

Y dicen que existe una probabilidad razonable de que el mundo experimente un brote en los próximos 10-15 años».

No fue ésta la primera vez que vaticinó una pandemia mundial, pues ya había incidido en el mismo tema en el 2015, diciendo que la verdadera amenaza para la humanidad no son las armas nucleares, sino los virus. Tremendo.

Y si se tiene en cuenta que Bill Gates financia al británico Instituto Pirbright, del que se dice que fue el creador del covid-19, aunque se legalizó como patente en USA, el resultado final es francamente alucinante.

Pero Bill Gates no es el único profeta capaz de predecir catástrofes víricas ni apoteósicas calamidades para la humanidad. Por extrañas casualidades, da la impresión de que, entre oráculos y simulacros, lo del coronavirus era la crónica de una pandemia anunciada.

Aparte de los jueguecitos, en los últimos años se han realizado sospechosos simulacros con pandemias, diseñando escenarios sumamente parecidos al que estamos sufriendo ahora.

Por ejemplo, la Fundación Rockefeller diseñó en 2010 un hipotético escenario de epidemia de virus en China, con un estado de sitio similar al actual.

Simulación en la que destacaba con luz propia un ejercicio llamado Lock Step «encerrona», que remitía a la «cuarentena» que aparecía en el anteriormente citado juego de rol de Steve Jackson.

¿Es también casualidad que el Foro de Davos, que tuvo lugar en octubre de 2019 en Nueva York, realizara el 18 de ese mes un simulacro de una epidemia de coronavirus, con la participación del Johns Hopkins Center for Health Security y de la Bill & Melinda Gates Foundation?.

El objetivo explícito del ejercicio realizado en Nueva York era planificar la respuesta de ciertas transnacionales y gobiernos ante una pandemia de coronavirus, cuando nada permitía predecir el inicio de la epidemia detectada en la ciudad china de Wuhan a inicios de diciembre.

En el simulacro participaron destacadas personalidades de varias instituciones y organismos, como:

Sofía Borges, vicepresidenta de la Fundación de las Naciones Unidas;

Brad Connet, presidente del grupo Henry Schein, líder mundial de la producción de material médico;

George Gao, director del centro de control y Prevención de Enfermedades de la República Popular China;

Avril Haines, exdirectora adjunta de la CIA y ex miembro del consejo de Seguridad Nacional de Estados Unidos, bajo la administración Obama;

etc...

y la Fundación Bill & Melinda Gates, por supuesto.

Un mes después, comenzó la pandemia en Wuhan... ¿Casualidad?

A continuación, en la tercera y última publicación, Laureano Benítez sigue en su misma línea de espectacularidad.

"Un informe desclasificado de la Fundación Rockefeller pronosticó la pandemia mundial del coronavirus (covid-19)".

Pandemias mundiales que matan a millones de personas, cuarentenas obligatorias, confinamiento de las poblaciones, puestos de control de la policía y al ejército, tarjetas de identificación biométrica, y un mundo controlado por los gobiernos de arriba hacia abajo, con prácticas absolutamente dictatoriales...

No, no me estoy refiriendo al mundo actual, que reúne ya prácticamente todas éstas características, implementadas con la excusa de la pandemia del coronavirus.

Ya que ese mundo casi apocalíptico devastado por tantas lacras y horrores es un escenario para el futuro del planeta que diseñó en el año 2010 la Fundación Rockefeller.

Descrito en su estudio «Escenarios para el Futuro de la Tecnología y el Desarrollo Internacional», desarrollado en colaboración con la Global Business Network, Global, ¡cómo no!, empresa especializada en la planificación de escenarios y aprendizajes experimentales.

Ésta proyección para el futuro, entre los años 2.010 y 2.013, constaba de cuatro escenarios, uno de los cuales es el que se conocía bajo el nombre de Lock Step, que puede traducirse como «fase de bloqueo», «cerradura»... «cuarentena».

¡Vamos!, en el cual se describe una pandemia exactamente igual a la actual, que provoca una deriva desde las seudodemocracias actuales hacia estados totalitarios.

Basados en un agobiante control policial sobre las ideas, los movimientos de las personas, la economía y otros ámbitos de la sociedad, donde unos ciudadanos esclavizados sufren un continuo retroceso en sus derechos y libertades.

El simulacro se basaba en el desencadenamiento en el año 2.012 de una pandemia provocada por una cepa de influenza «extremadamente virulenta y mortal», del tipo H1N1 (gripe porcina), que se origina mediante unos gansos salvajes.

Ésta pandemia pone de rodillas al mundo, infecta al 20 por ciento de la población mundial y mata a 8 millones de personas en solo siete meses, devastando la economía mundial.

La propagación rápida y la mortalidad de ésta pandemia, causada por un coronavirus, claro, provoca que los derechos individuales sean eliminados, por ser un obstáculo para la supervivencia, mientras los gobiernos imponen medidas autoritarias para responder a la crisis.

Pues bien, ésta proyección se cumplió finalmente a la fecha indicada, mediante el «síndrome respiratorio agudo grave», SARS en inglés: severe acute respiratory syndrome. Una enfermedad respiratoria viral causada por un coronavirus llamado SARS-CoV.

La primera vez que se informó sobre el SRAS fue en Cantón (China), en Noviembre de 2.002. A los pocos meses, la enfermedad se propagó en más de dos docenas de países de Norteamérica, Suramérica, Europa y Asia antes de que se pudiera contener el brote.

Según la Organización Mundial de la Salud (OMS), un total de 8.098 personas en todo el mundo se enfermaron del SRAS durante el brote de 2.003. De ésta cifra, 774 personas murieron. En los Estados Unidos, sólo ocho personas fallecieron.

Como se ve por su escasa incidencia, la pandemia fracasó, ya que el virus SARS, a pesar de que su letalidad estaba en torno al 13%, no tenía mucha facilidad de contagio debido a sus características.

Pues al infectar a una persona le producía rápidamente un cuadro sintomático que obligaba al infectado a recluirse en su

domicilio, con lo cual se reducía muchísimo su posibilidad de contagio.

Y lo que son las cosas. El covid-19 se ha fabricado a partir de una plantilla vírica del SARS: ¿casualidad, o es que han vuelto a la carga, para rematar lo que no se pudo hacer en el 2.002?.

En el escenario apocalíptico descrito en el estudio de la Fundación Rockefeller, se hace un vivo elogio de cómo China logra controlar la pandemia, precisamente por la rápida adopción de medidas totalitarias, presentando ésta política como modelo a seguir por las seudodemocracias occidentales:

«A algunos países les fue mejor, a China en particular. La rápida imposición y aplicación de la cuarentena obligatoria por parte del gobierno chino para todos los ciudadanos, así como su cierre instantáneo y casi hermético de todas las fronteras, salvó millones de vidas.

Impidió la propagación del virus mucho antes que en otros países y permitió una recuperación pospandémica más rápida». Real como la vida misma, oiga.

Esa fascinación por la dictadura comunista china es un tic habitual en las élites globalistas, a pesar de su ultraliberalismo. David Rockefeller, en un artículo publicado en The New York Times el 1 de agosto de 1.973, manifestaba:

«Sea cual sea el precio de la revolución China, es obvio que ésta ha triunfado, no sólo al producir una administración más eficiente y dedicada, sino también al promover una elevada moral y una comunidad de propósitos.

El experimento social en China, bajo el liderazgo del presidente Mao, es uno de los más importantes y exitosos de la historia humana».

Es decir, que el nuevo orden mundial tendría sin duda como modelo la dictadura china.

Ante el éxito de la estrategia china, las naciones imponen también cuarentenas, controles de la temperatura corporal, otras reglas y restricciones herméticas, políticas dictatoriales que, no hace falta decirlo, continúan en gran parte en el periodo posterior a la pandemia, con la excusa de...

«Protegerse de la propagación de problemas cada vez más globales, desde pandemias y terrorismo transnacional hasta crisis ambientales y aumento de la pobreza, los líderes de todo el mundo tomaron un control más firme sobre el poder».

Ésta globalización hacia el totalitarismo se ve facilitada por el miedo inoculado machaconamente a una ciudadanía aterrada que entrega voluntariamente su soberanía y su intimidad a estados más autoritarios, en la creencia de que éstos le proporcionarán mayor seguridad y estabilidad.

Básicamente, el documento «Lock Step» insinúa que se formará un nuevo mundo después de que se desencadene la hipotética pandemia, lo que facilitaría la institución de un mayor control de los estados sobre las poblaciones y un liderato más arbitrario.

Una herramienta básica para éste control absoluto de las poblaciones será la identificación biométrica y el uso de una tecnología invasiva, instrumento al servicio de estados policiales tecnocráticos.

Tecnología que tendrá su joya de la corona en el 5G, que hará realidad la vigilancia total en tiempo real de todas las ciudades, y en los chips implantados en el cuerpo, que operarán en conexión con el 5G.

El estudio de Rockefeller no es una advertencia contra la prevención de la clase de tiranía que aparece en éste escenario desplegado.

Se trata de un anteproyecto de cómo los globalistas quieren explotar crisis globales, como ataques de bioterrorismo y pandemias, con el fin de destruir completamente la sociedad y rehacerla en virtud de un nuevo orden mundial a su imagen.

Pandemias, guerras, caos, crisis... Ésto es lo que quieren los globalistas, para así tener pretextos para implantar una sociedad dictatorial gobernada por la élite desde sus torres de marfil.

Mientras los ciudadanos son reducidos a palurdos pobres y revoltosos dependientes, controlados con una tecnología sofisticada del Gran Hermano, demasiado preocupados por su próxima comida, como para tener tiempo de derrocar a sus nuevos gobernantes.

Y, ¡oh, sorpresa!: los únicos capaces de prosperar en este entorno son la élite global y los mega-ricos.

Éste estudio no es una obra de ficción distópica, y no se ha escrito con el objetivo de entretener: es muy serio, y los que participan en su financiación y publicación no están jugando.

Pues éste escenario es el que la Fundación Rockefeller y la élite del Global Business Network contemplan ver desarrollándose en el nuevo orden mundial.

Por otra parte, los objetivos señalados en el informe no están desarrollándose simplemente de forma natural, son implementados y provocados activamente.

El colapso económico y el control social autoritario se fomentan enfrente de nuestros ojos por diseño, mediante una ingeniería social que desarrolla la agenda globalista de la élite.

Como el informe señala en su introducción, los escenarios reseñados «nos permiten imaginar, y luego ensayar diferentes estrategias de cómo estar más preparados para el futuro... o, más ambicioso aún, la forma de ayudar a moldear el futuro nosotros mismos».

Igualmente **Mediterráneo digital, nos comparte la exclusiva mundial de Fox News, importante canal de noticias por suscripción estadounidense.**

Una investigación de Fox News afirma que el origen de la pandemia fue un trabajador de la instalación y no un murciélago. El diario norteamericano acusa al gobierno chino de manipular datos y destruir pruebas para ocultar la verdad.

Confirma que el paciente cero del coronavirus era un trabajador del famoso laboratorio de virología de la ciudad china de Wuhan. Una información que confirma los peores presagios y lo cambia absolutamente todo. El Covid-19 lo creó el hombre.

En línea con lo insinuado por los servicios secretos de EE UU, la información de Fox News asegura que el Covid-19 se originó en el laboratorio del Instituto de Virología de Wuhan (WIV), que desarrollaba un programa de investigación viral chino.

Por tanto, el origen no estaría en un murciélago comido en un "mercado húmedo" de animales de esa ciudad.

"El paciente cero" trabajaba en el laboratorio, se contagió en los ensayos y luego lo transmitió a la población deWuhan, donde comenzó el brote, según el trabajo periodístico, firmado por Bret Baier.

Éste periodista, que ha tenido acceso a múltiples fuentes conocedoras de los detalles de las primeras acciones del gobierno de

Pekín ante la enfermedad, supo que en el "mercado húmedo" de Wuhan, inicialmente identificado como el probable punto de origen del coronavirus, nunca se vendieron murciélagos.

Señalarlo como origen fue un esfuerzo del régimen chino para quitar la responsabilidad de la pandemia al laboratorio.

El programa de investigación chino sobre distintos tipos de virus es parte de un esfuerzo del régimen comunista por demostrar que su capacidad para identificar y combatir éstos agentes patógenos es igual o mayor que la de Estados Unidos, según confirmaron varias fuentes al periodista.

Según la investigación, después las autoridades de Pekín siguieron suprimiendo y modificando datos, destruyó muestras, borró informes preliminares, censuró artículos académicos y desinfectó áreas contaminadas para ocultar evidencia de la transmisión accidental del virus.

Los médicos y periodistas que advirtieron sobre la propagación del virus y su naturaleza contagiosa y transmisión de persona a persona "desaparecieron".

Aunque el Gobierno chino cerró rápidamente los viajes nacionales desde Wuhan al resto del país, no interrumpió los vuelos internacionales desde ésta ciudad, lo que permitió la expansión del virus a otros países, empezando por Estados Unidos.

Seis días después de que altos funcionarios chinos determinaran en secreto que probablemente se enfrentaban a un brote en Wuhan, las autoridades locales permitieron la celebración un banquete masivo para decenas de miles de personas.

Y millones de ciudadanos comenzaron a viajar para las celebraciones del Año Nuevo Chino.

Para cuando el presidente Xi Jinping finalmente lanzó la alerta el 20 de enero, más de 3.000 personas ya habían sido infectadas.

"Ésto es tremendo", declaró Zuo-Feng Zhang, epidemiólogo de la Universidad de California en Los Ángeles.

"Si hubiesen tomado medidas seis días antes, habría habido muchos menos pacientes y las instalaciones médicas habrían sido suficientes. Podríamos haber evitado el colapso del sistema médico de Wuhan".

Éste puede ser el "encubrimiento gubernamental más grande y costoso de todos los tiempos", dijo una fuente a Fox News.

Una columna de opinión de "The Washington Post" firmada por Josh Rogin ya aseguraba que el Departamento de Estado de EE UU advirtió en 2.018 en varios cables diplomáticos sobre las debilidades de seguridad y gestión en el laboratorio WIV de Wuhan.

También hubo rumores posteriores. El "The Washington Post" añadía que los científicos coinciden en gran medida en que el virus proviene de animales, en lugar de ser sintetizado.

Pero citó a un experto que dijo que no descartaba que pudiera haber surgido del laboratorioWIV, que pasó años probando coronavirus de murciélago en animales.

Prosiguiendo con las versiones de fuentes totalmente creíbles, **la prestigiosa revista independiente española Discovery Dsalud, compuesta fundamentalmente por expertos de la salud y con más de 20 años de recorrido, nos enriquece con artículos sobresalientes.**

Muy significativa es la intervención del empresario español y presidente de la Universidad Católica de Murcia, José Luis Mendoza.

Afirma que Bill Gates y George Soros quieren utilizar las vacunas contra el covid-19 para implantarnos nanochips de control a través de ellas, definiendo a aquéllos como esclavos y servidores de satanás.

Así lo manifestó en el monasterio de Los Jerónimos, sede de la universidad que preside, durante el discurso que pronunció en la misa allí celebrada en honor de San Antonio de Padua.

No se hizo esperar la desaforada, feroz, desproporcionada y difamatoria respuesta de los "defensores" de ambos personajes en España. De ello se concluye, sin duda, que las palabras pronunciadas por el presidente son creíbles.

Nos vamos hasta Alemania. **Un informe interno del Ministerio del interior alemán define la pandemia como una alarma global falsa.**

Tal es la conclusión de un informe de 192 páginas que se filtró a la prensa, elaborado por el politólogo y científico Stephan Kohn.

Se trata de una exhaustiva evaluación de la presunta pandemia en el que se critica con mucha severidad las medidas tomadas por el gobierno de Ángela Merkel.

Según se recoge en él hubo fallos graves en la gestión de la crisis, déficits regulatorios y la asunción de una alarma global falsa que iba a provocar graves daños colaterales mayores que los causados con el presunto patógeno.

Se sobreestimó la peligrosidad del covid-19, de tal manera que durante el año 2.020 el número de fallecidos no debería superar al habitual para cada año por esas fechas y que el número de fallecidos en todo el mundo era mucho menor que el que provoca anualmente la gripe.

Además el informe añade que el estado alemán se había convertido en el principal productor de noticias falsas.

Se anunciaba así mismo que las múltiples y graves consecuencias de las medidas adoptadas iban a tener consecuencias imprevisibles y que si estaba muriendo más gente de lo normal se debía sobre todo a ellas.

Solo tres días después, el 11 de Mayo (2.020), diez médicos y científicos que habían colaborado en el informe emitirían un comunicado conjunto titulado "Llamamiento de médicos alemanes".

En el mismo reprendían al gobierno por ignorar el trabajo y denunciaban que las medidas terapéuticas y preventivas nunca deberían traer más daño que la enfermedad misma.

Que su objetivo debe ser proteger a los grupos de riesgo sin comprometer la disponibilidad de atención médica y la salud de toda la población que es lo que desafortunadamente está ocurriendo.

Continuaban en el comunicado diciendo que ellos en la práctica médica y científica estaban comprobando a diario los daños secundarios de las medidas contra el coronavirus (covid-19) en sus pacientes.

E instan al Ministerio federal del interior a que responda a su comunicado y esperan la pertinente explicación sobre las medidas adoptadas.

El comunicado estaba firmado por Peter Schirmacher, Gunter Frank, Sucharit Bhakdi, Karina Reiss, Gunnar Heinsohn, Ste-

fan Hockertz, Andreas Sönnichsen, Harald Walach, Andreas S. Lübbe y Til Uebel.

Los grandes medios de comunicación alemanes ocultaron ambos hechos durante unos días, pero el 23 de Mayo (2.020), el periódico alemán Das Bild publicaría un reportaje titulado "Consecuencias dramáticas de las medidas contra el coronavirus (covid-19): 52 mil operaciones de cáncer atrasadas".

Pues bien, la respuesta oficial del Ministerio de interior fue suspender de empleo y sueldo a Stephan Kohn por filtrar el informe, confiscarle su ordenador y alegar que se trataba de opiniones personales no compartidas que podían enmarcarse entre las teorías de la conspiración.

Obviamente la sociedad alemana no se lo cree ya que se trata de una persona conocida y de prestigio.

Alguien que en 2.004 se postuló para alcalde de Wedel y en 2.010 denunció públicamente los abusos sexuales cometidos en su país por la iglesia evangélica.

Otro estudio recogido por la reputada revista Discovery Dsalud deja bien claro que las cifras de muertos no demuestran que haya habido una pandemia.

La misma, que dicen asola al planeta, se sustenta en la afirmación de que hay en el mundo cientos de miles de personas contagiadas y decenas de miles de muertos a causa de un nuevo y peligroso coronavirus.

Bautizado como SARS-CoV-2 (vulgarmente conocido como covid-19), su mera existencia, sea natural o producto de manipulación genética, está aún en entredicho.

Contagiados y muertos cuyo número se calcula en función de los test que se utilizan.

Pero la fiabilidad de los test es nula y por tanto las cifras de supuestos contagiados y muertos también, al apoyarse en ellos.

Sin embargo, a la sociedad le cuesta entenderlo, porque lleva meses siendo bombardeada a dario con cifras de supuestos enfermos y muertos en todo el mundo.

Poniendo como ejemplo al gobierno español, éste terminó aceptando que los test de antígenos y anticuerpos no eran fiables y para confirmar si alguien está contagido o ha muerto por el SARS-CoV-2, se precisa una prueba PCR con transcriptasa inversa o RT-PCR.

Prueba a la que el gobierno español da una "alta fiabilidad" cuando la verdad es que la credibilidad que merece es también nula.

La propia OMS (organización mundial de la salud) desmiente al gobierno español, ya que en su web reconoce que la prueba de la RT-PCR puede dar positivo a otros virus e incluso a bacterias.

Es más, su escasa fiabilidad es tal que, según añade, puede dar falsos positivos y falsos negativos.

Es pues esperpéntico que la sociedad admita las cifras oficiales de contagiados y muertos, cuando carecen de la más mínima credibilidad. Y sin embargo, el 99% de la sociedad les da crédito. Realmente inaudito.

> **LAS CIFRAS DE MUERTOS NO DEMUESTRA QUE HAYA HABIDO UNA PANDEMIA.**
> **LA FIABILIDAD DE LOS TEST ES NULA Y POR LO TANTO LAS CIFRAS DE CONTAGIOS Y MUERTOS TAMBIÉN.**
> **A LA SOCIEDAD LE CUESTA ASUMIRLO TRAS TANTA DESINFORMACIÓN.**

Es más, en el supuesto de que el virus existiera, algo no demostrado, y de que el test fuera fiable, que no lo es, el hecho de dar positivo no implica que uno esté contagiado o enfermo.

Solo indicaría que se ha detectado un fragmento de ARN del coronavirus, y no éste. Fragmento de ARN que puede pertenecer al supuesto SARS-CoV-2, pero también a otros virus, bacterias o material celular normal.

Luego ni siquiera en tal caso podría decirse que alguien esté contagiado o enfermo por él.

Los propios médicos admiten incluso que uno puede ser portador de un virus y no sufrir síntoma alguno o enfermar por ello. A tales personas se les llama asintomáticas y se dice que aunque no enfermen pueden contagiar a otros.

Y la sociedad, (incluidos biólogos, virólogos, médicos, autoridades, políticos y periodistas) admiten tamaña patraña.

La verdad, sin embargo, es que si alguien no tiene síntoma alguno y el test da positivo no es que sea asintomático, es que el test es una chapuza. Va siendo hora de llamar a las cosas por su nombre.

El hecho de que alguien haya dado pues positivo al test tras fallecer, tampoco implica que el coronavirus haya sido la causa, y es una desvergüenza haber incluido tales muertes entre las "víctimas de la covid-19".

En suma, las cifras oficiales de contagiados y muertos por el SARS-CoV-2 carecen de la más mínima credibilidad.

Sin embargo, no podemos decir lo mismo de las cifras de hospitalizados y fallecidos por todas las causas: muerte natural, enfermedad, suicidio, efectos adversos de los tratamientos médicos, etc.

El problema es que la gestión de las autoridades en éste ámbito sí ha sido desastrosa.

El baile de cifras ha sido tan espectacular que hasta quienes creen que existe o ha existido una pandemia se lo han tomado a menudo a guasa.

En pocas palabras, las cifras de supuestos contagiados y fallecidos carecen de credibilidad alguna, pero no así las de hospitalizados y muertos por todas las causas, aunque se hayan comunicado de forma desastrosa y con constantes errores y rectificaciones.

Ello denota la descoordinación, ineficacia e ineptitud de los implicados en el proceso con el gobierno como principal responsable.

Por otra parte, las cifras oficiales sobre la "pandemia", contagiados y fallecidos, ha llevado al mundo a una situación global de crisis por culpa de la declaración hecha unilateralmente por el Director general de la OMS (organización mundial de la salud), Tedros Adhanom Ghebreyesus.

Declaró la misma tras consultar solo a unos cuantos "asesores" que él mismo designó de forma discrecional.

Declaración de pandemia que solo fue posible, porque los dirigentes de la OMS decidieron en 2.009 cambiar la definición para poder declararla de forma más sencilla que una epidemia.

Declarar ésta requiere que se trate de una infección muy amplia, que se propague rápidamente, sea peligrosa, potencialmente mortal y dure cierto tiempo. Además, debe haber un número de afectados superior a lo establecido como normal para la enfermedad en cada país.

Y es evidente que en caso de una nueva enfermedad, no hay baremo anterior con el que comparar cifras de contagios y muertes, por lo que el criterio para determinar si existe un problema que pueda calificarse de epidémico es completamente subjetivo y arbitrario.

Lo mismo cabe decir de su calificación como pandemia en caso de que afecte a más de un país.

Lamentablemente, la OMS aprobó en su día que tal decisión la tomara personalmente su Director general, tras consultar con el grupo asesor que nombra él mismo discrecionalmente, como comenté anteriormente.

Por lo tanto, es obvio que él o quien esté detrás de sus decisiones tiene el control mundial para declarar pandemias y sugerir las medidas a tomar sin que ningún gobierno pueda oponerse.

Así que controlar la OMS en ese ámbito requiere solo controlar a su Director general. Muy cómodo y conveniente, porque exige muchos menos esfuerzos de todo tipo.

En suma y a modo de resumen, lo acaecido con el presunto SARS-CoV-2 no justificó la declaración de epidemia en ningún país del mundo y aún así Tedros Adhanom Ghebreyesus, en nombre de la OMS, decidió calificarla de pandemia.

Mero hecho que debería haber llevado a una ivestigación profunda y en caso de confirmarse prevaricación, a su detención inmedita y procesamiento judicial, al igual que sus asesores.

Poniendo un ejemplo con la gripe común, los datos oficiales indican que solo en Europa padecen gripe cada año 148 millones de personas, cuando el SARS-CoV-2 ha causado en casi cinco meses (hasta finales de Mayo 2.020), 2.257.522 presuntos contagios y no se espera que la cifra crezca ya mucho más.

Es decir, que la gripe causa 65 veces más contagios. Además, la tasa de mortalidad de la gripe en los últimos años es superior a la del SARS-CoV-2.

Según el sistema de vigilancia de la gripe, en el periodo 2.016-17 murió el 15,6% de los infectados, en 2.017-18 el 17,4% y en 2.018-19 el 17,5%.

Sin embargo, la tasa de mortalidad achacada al covid-19 es del 11,9%. Algo que jamás podrá comprobarse, porque muchos de los fallecidos, especialmente al principio, fueron inmediatamente incinerados, sin permitir que se les hiciesen autopsias.

El propio Fernando Simón (director del centro de coordinación de alertas y emergencias sanitarias del ministerio de sanidad español) lo admitió en una de sus comparecencias: **"nunca llegaremos a saber cuántas muertes exactamente se debieron al covid-19"**.

Por su parte, **Jesús García Blanca, autor de importantes libros, investigador social y educador, nos comparte su amplia e importantísima visión, aportando entrevistas de gran relieve.**

Expresa que cada vez más médicos, biólogos y expertos de otras especialidades, así como investigadores de primera línea y pe-

riodistas, denuncian el relato oficial de la OMS sobre el presunto SARS-CoV-2 que dicen ha provocado el covid-19.

Pero como sus denuncias son sistemáticamente silenciadas, vamos a dar a conocer al menos lo que piensan el investigador canadiense David Crowe, el estadounidense Jim West y el periodista candidato al premio Pulitzer, Jon Rappoport.

La OMS ha alertado reiteradamente en la últimas décadas de posibles pandemias que podían infectar a cientos de millones de personas y acabar con la vida de gran cantidad de ellas.

Pretendiendo inocular en la sociedad tal terror ante esa posibilidad, que la mayoría de los gobiernos del mundo desarrollado se prestaron, entregando enormes cantidades de dinero, ante la presión popular, para prevenirlo con vacunas o dotarse de medios para tratar a los enfermos si ello no se lograba.

Aterrorizaron a la sociedad con:

el virus de la inmunodeficiencia humana (VIH), al que se achaca el SIDA, con malignos priones prácticamente indetectables, lo que llevó a sacrificar millones de vacas.

el aphthovirus, al que se achaca la fiebre aftosa.

el SARS-CoV-coronavirus, al que se culpa del síndrome respiratorio aguado severo.

el virus H5N1, presunto responsable de una "curiosa" gripe aviar capaz de contagiar a humanos.

el virus H1N1, supuesto causante de la gripe porcina (luego gripe A) que dicen también puede infectarnos.

el MERS-CoV-coronavirus, al que se achacó el síndrome respiratorio de oriente medio.

el casi "indestructible" virus del ébola, que no resiste el simple agua oxigenada.

el virus zika, transmitido por mosquitos.

Y ahora con un nuevo coronavirus aparecido en China, al que han decidido denominar 2019-nCoV.

Lo único claro de todas esas alertas mundiales es que no hubo nunca ni los millones de infectados ni los cientos de miles de muertes que se vaticinaron.

Lo que sí debe haber habido son sonoras carcajadas entre quienes han recibido ya miles de millones de euros que se les han entregado, sin que nadie fiscalice luego cómo se han gastado.

Porque, ¿quién controla a la OMS?. NADIE.

Afortunadamente se ha exprimido ya tanto la estrategia que hoy hay muchas más personas que se han dado cuenta de la verdad y han dejado de creer en la OMS.

Tanto que el Gobierno español tómo una medida sin precedentes en la historia de España: impedir a los periodistas de los medios de comunicación de mayor prestigio que interrogaran libremente en directo lo que quisieran, obligándoles a formular las preguntas por escrito y restringiendo su número.

Una medida reaccionaria y antidemocrática, impropia de un estado de derecho que hubiera debido llevar a nuestros colegas a una actitud beligerante con el gobierno que no se atrevieron a mentener.

En la que destaca la tibieza para reaccionar de los presidentes de las asociaciones que se supone representan a los periodistas.

Afortunadamente investigadores de todo tipo e incluso autoridades comenzaron a darse cuenta de que el relato oficial tiene los pies de barro y la propia OMS empezó a ser objeto de duras críticas.

No procedentes solo de los países menos desarrollados, que también, sino del mismísimo Estados Unidos, cuyo presidente, Donald Trump, amenazó con dejar de contribuir a su financiación.

A ello se unirían cada vez más voces de genetistas, biólogos, bioquímicos, virólogos, epidemiólogos, investigadores, médicos y expertos de muy distintas disciplinas, que empezaron lentamente a cuestionar TODO.

También la viralización de vídeos a través de las redes sociales se ha disparado, como la circulación por todo el mundo de mensajes, artículos, programas de radio y televisión, y gran cantidad de vídeos.

Así mismo, destacadas entidades y personalidades se han sumado.

Hablamos de cadenas como London Live, emisora de televisión londinense, y la TLV1 argentina, de periodistas como la estadounidense Celia Farber, que ha publicado un riguroso trabajo sobre el escándalo de la hidroxicloroquina, y de cineastas como el productor y director estadounidense Del Bigtree.

En fin, son ya tantos los medios de comunicación e investigadores que mantienen actualmente posiciones similares, que es imposible siquiera citar a todos.

Pero sí quise entrevistar brevemente al menos a los tres citados líneas arriba, ya que son referencia para cientos de miles de seguidores de todo el mundo.

El primero de ellos es **David Crowe, investigador canadiense independiente que preside Reappraising AIDS, sociedad multidisciplinar para el replanteamiento de la versión oficial del SIDA con sede en Alberta (Canadá).**

Y que llegó a reunir a casi tres mil científicos, médicos, periodistas, abogados e investigadores.

David Crowe

Posteriormente investigó otras supuestas epidemias o pandemias como las de la hepatitis C, la polio, la gripe aviar, el ébola y el mal de las vacas locas.

Tiene pues amplia experiencia sobre los tejemanejes de las organizaciones internacionales sanitarias.

P.: pregunta.
R.: respuesta.

P. Si no le importa vamos a ser directos y precisos: ¿a su juicio estamos ante una auténtica pandemia motivada por una enfermedad contagiosa que causa un coronavirus recién descubierto?.

R. No. Puede que se haya encontrado ARN en las muestras de personas enfermas, pero no se ha purificado el coronavirus. Afirman además que es un ARN muy similar a los ARN de otros coronavirus, pero es que ninguno de ellos se ha purificado tampoco.

¿Cómo van pues a compararlos?. En fin, ni siquiera sabemos con certeza si el ARN que dicen se ha secuenciado es realmente de un virus.

P. El comportamiento de la OMS en otras supuestas epidemias y pandemias invita claramente a desconfiar de todo lo que afirma. ¿Piensa usted lo mismo?.

R. La declaración de pandemia por la OMS fue una decisión política, no obedeció a razones sanitarias. La organización dudó mucho antes de declararla y yo creo que se plegó a los deseos de Bill Gates.

Porque éste aporta gran parte de sus fondos y quería aprovecharla para desarrollar una vacuna convencido de que la gente, con tal de no estar en permanente cuarenta, terminaría aceptando inoculársela.

P. ¿Cree que el covid-19 es realmente una nueva enfermedad?.

R. Los síntomas del covid-19 no son exclusivos. Son similares a los de muchas otras infecciones víricas e incluso bacterianas. Se diagnostica con test no fiables que hacen además imposible saber si el positivo lo es al nuevo coronavirus o a cualquier otro microbio.

Los médicos no pueden pues saber con esos test a qué se enfrentan. Y lo llamativo es que lo que acabo de decirle está apoyado por lo que dice la propia OMS en su web.

P. ¿Qué cree usted que miden o detectan los test RT-PCR?.

R. Lo ignoro. Ya he dicho que no hay ninguna prueba de que el ARN presuntamente secuenciado sea siquiera de un virus ajeno. Incluso puede ser endógeno.

Es más, la RT-PCR no es una prueba cuantitativa; se ha necesitado toda una serie de procedimientos especiales para hacerla cuantitativa.

Por otra parte, se utiliza de forma totalmente arbitraria a la hora de decidir si alguien es "positivo" o "negativo". Por si fuera poco, no todos los test utilizan los mismos fragmentos de ARN, así que unos pueden dar positivos y otros negativos en el mismo paciente.

Carecen de la más mínima fiabilidad. Y eso implica que las cifras de presuntos contagiados y muertos por el SARS-CoV-2 tampoco son creíbles.

P. ¿Qué opina del confinamiento?.

R. Soy totalmente contrario por varias razones. Para empezar no está demostrado la existencia del supuesto coronavirus (covid-19). Y aún si existiera, no pueden achacarse a él las muertes que ha habido.

Ha habido, sin duda, otras causas entre las que no pueden descartarse los agresivos tratamientos proporcionados, especialmente en el caso de los ancianos.

Otra de las posibles causas es la enorme contaminación ambiental. De hecho, el mayor número de muertes se ha producido en las grandes ciudades.

> **EL ÚNICO ANTÍDOTO PARA EL MIEDO ES LA
> INFORMACIÓN VERAZ.
> LO QUE LOS GRANDES MEDIOS DE
> COMUNICACIÓN HAN HECHO ES
> CONTRIBUIR A GENERAR MIEDO.
> SU COMPORTAMIENTO HA SIDO OBSCENO.**

P. Empieza a aceptarse, con la "boca pequeña" aún, que los primeros tratamientos médicos fueron erróneos y ello contribuyó claramente a la alta mortalidad que se achaca al SARS-CoV-2...

R. Cierto. En muchos casos fue un error, especialmente el uso de ventiladores automáticos. En Nueva York murió el 97% de las personas de más de 65 años a las que se les puso. Y un estudio chino ha obtenido los mismos resultados con personas de todas las edades.

Mire, voy a ser claro: los hospitales fueron auténticos mataderos. Todo empezó por el injustificado pánico provocado. Siempre me ha parecido un comportamiento criminal aplicar procedimientos peligrosos de dudosos beneficios.

Afortunadamente unos médicos italianos se dieron cuenta unas semanas después, cambiaron los protocolos de actuación y la mortalidad empezó a descender rápidamente. Luego...

P. Pánico irracional provocado además sin justificación real...

R. Evidentemente. Y el único antídoto para el miedo es la información veraz. Por desgracia los grandes medios de comunicación lo que hicieron fue contribuir a generar miedo. Su comportamiento ha sido obsceno.

Animaron a los políticos a declarar el confinamiento y luego apretaron las tuercas más y más. Y continúan haciéndolo. Claro que tras todo eso hay una mafia que controla los resortes de esos medios.

Muchos periodistas colaboraron por cobardía, porque no querían quedarse sin sus empleos. Además los medios encumbraron a los médicos que tantas muertes causaron y dieron categoría casi de "dioses" a sus "líderes de opinión".

Lo hicieron mientras atacaban con saña a todo médico, investigador, político o periodista que cuestionase las vacunas, los fármacos o ciertos tipos de cirugía a la vez que gratificaban a los "obedientes". Fueron magníficamente "recompensados".

El siguiente en sumarse a las entrevistas es Jon Rappoport que trabaja como periodista de investigación desde hace 30 años y ha escrito sobre política, salud, medios, cultura y arte para Magazine, Nexus, Stern, Village, Voice, CBS Heathwatch y otros muchos periódicos y revistas europeas y estadounidenses.

Jon Rappoport

Es internacionalmente conocido porque en 1.982 fue candidato al Premio Pulitzer por su entrevista al presidente de la universidad de El Salvador en pleno asalto gubernamental.

Actualmente escribe en dos blogs: NoMoreFakesNews y OutsidetheRealityMachine, donde plasma artículos sin censura sobre el mundo, más allá de la realidad construida. Es además autor de varios libros destacados en la misma línea.

P.: pregunta.
R.: respuesta.

P. Estamos haciendo preguntas básicas similares a investigadores independientes como usted y lo primero que quisiéramos saber es si a su parecer el mundo se enfrenta o no a una peligrosa enfermedad contagiosa causada por un nuevo coronavirus.

R. No. Todo es una gran mentira. Una más. De similar estilo a la el VIH/SIDA.

P. Sabemos que usted investigó muchos años ese asunto e infirió que se trataba de una farsa que se utilizó como herramienta de poder. ¿Cree que estamos ante un caso similar?. Y si así fuera, ¿son los mismos protagonistas usando las mismas argucias?. ¿Con qué objeto?.

R. Nos enfrentamos a los mismos protagonistas y a las mismas argucias aunque los objetivos ésta vez son más globales, ya que se trata de llevar a la población a aceptar un nuevo orden mundial tecnocrático.

P. Usted conoce a fondo los entresijos del poder internacional. ¿Avala la acusación cada vez más generalizada de que el actual director general de la OMS, Tedros Adhanom Ghebreyesus, es un hombre de paja puesto al frente de la misma por Bill Gates, como antes lo fue su antecesor Lee Jong-Wook durante 10 años y medio?.

R. Quien controla hoy la OMS es quien pone el dinero y ese es principalmente Bill Gates. No importa pues qué persona la dirija, quién se ponga al frente.

Y lo que quiere Bill Gates es promocionar epidemias para vender vacunas. Ese es su mantra y su principal sustento en el ámbito de la salud. Y además no lo oculta.

P. Donald Trump ha amagado con retirar el apoyo de Estado Unidos a la OMS, pero al final no parece que vaya a hacerlo. Su papel es confuso. Es más, parece mantener una inexplicable relación amor/odio con su asesor Anthony Fauci (epidemiólogo del gobierno de EEUU.).

No entendemos la posición del presidente estadounidense. ¿Y usted?.

R. Fauci es un dictadorzuelo que divulga noticias falsas sobre lo que está pasando para prolongar el pesimismo y que aumente la devastación económica que es el verdadero objetivo de ésta falsa pandemia.

Y Donald Trump parece incapaz de discernir sobre lo que está realmente pasando dado el actual maremagnum de mentiras.

P. ¿Están a su juicio involucrados en ésta farsa los centros para el control de las enfermedades (CDC por sus siglas en inglés) estadounidenses al igual que lo estuvieron en la del SIDA?.

R. Evidentemente. La farsa la pusieron en marcha ésta vez los CDC chinos que están íntimamente relacionados con los estadounidenses. Son expertos en descubrir "peligrosísimos" virus que constituyen "grandes amenzas" para meter miedo al mundo y obtener así enormes sumas de dinero.

Si algún día aparecen cadáveres flotando en un río púrpura debido a la contaminación industrial tenga por seguro que si pueden se las ingeniarán para aseverar que murieron a causa de un virus.

> **TODO ES UNA GRAN MENTIRA. UNA MÁS. DE SIMILIAR ESTILO A LA DEL VIH/SIDA.**
>
> **QUIEN CONTROLA HOY LA OMS ES QUIEN PONE EL DINERO Y ESE ES PRINCIPALMENTE BILL GATES.**
>
> **BILL GATES QUIERE PROMOCIONAR EPIDEMIAS PARA VENDER VACUNAS. Y ADEMÁS NO LO OCULTA. LOS "CONTROLADORES" HAN CREADO UNA REALIDAD VIRTUAL QUE MUCHA GENTE HA ASUMIDO, PERMITIENDO QUE OTROS LES DIGAN EN QUÉ DEBEN CREER Y CÓMO DEBEN COMPORTARSE.**

P. En nuestra revista no logramos encontrar un solo trabajo científico publicado que demuestre que el presunto SARS-CoV-2 existe porque ha sido aislado y su ARN secuenciado. Se proporciona la secuencia de su ARN y luego se pide un "acto de fe" sobre su realidad y fiabilidad.

Los más de mil equipos que dicen haberlo detectado lo que han hecho es utilizar la PCR con los fragmentos que se les han proporcionado y constatar que tales fragmentos están en personas que dieron positivo a los test. Obviando que también se han encontrado en papayas y cabras...

El propio Luc Montagnier dice que el SARS-CoV-2 tiene fragmentos ARN que son específicos del VIH pero lo que la gente ignora es que él no ha trabajado sobre el coronavirus sino que ha usado algoritmos y un programa informático para ver similitudes entre las presuntas secuencias de ambos virus.

No aisló el VIH y no ha aislado el nuevo coronavirus. Luego su afirmación de que el SARS-CoV-2 es un virus genéticamente modificado en laboratorio es pura especulación.

¿Cuál es su parecer al respecto?.

R. Que tiene usted razón en su planteamiento. Ni siquiera se han llevado a cabo en suficiente número de enfermos los estudios adecuados con microscopios electrónicos que permitan confirmar la existencia de un nuevo coronavirus.

Los médicos están "hipnotizados" creyendo que hay consenso sobre su detección molecular y eso es suficiente, cuando no es así.

P. Usted planteó desde el primer momento que las personas que murieron en Wuhan tenían sus sistemas inmunes gravemente afectados por la brutal contaminación, constatada, de la ciudad.

Y que sus muertes de debieron básicamente a eso y no a infección vírica alguna, pero han aparecido luego síntomas y muertes que no encajan con simples gripes o neumonías...

R. Probablemente porque las muertes no se han debido solo a eso y hay más causas involucradas.

Entre otras y de forma importante, los inadecuados tratamientos médicos utilizados al principio en todo el mundo, la toxicidad ambiental, la implantación de la tecnología 5G, las vacunas contra la gripe inoculadas a muchas personas mayores, la polimedicación...

P. ¿Cree realmente que la actual pandemia está inmersa en un modelo similiar al de la famosa trilogía matrix?.

R. Así lo pienso. Los "controladores" han creado una realidad virtual y mucha gente incapaz de ver por sí misma la auténtica la ha asumido y vive esa realidad inventada. Han permitido que otros les digan en qué deben creer y cómo deben comportarse.

La última gran entrevista fue la realizada a **Jim West, periodista, exmilitar e investigador independiente radicado en New York. Especializado en temas de salud, está formado en ciencias de la ingeniería.**

Jim West

Ha analizado en profundidad las causas de epidemias y enfermedades graves, relacionando por ejemplo la polio con el DDT, la enfermedad del Nilo Occidental con el metil tert-butil éter (MTBE) o el SARS y la gripe H1N1 con la contaminación del aire.

Es autor de dos conocidos libros de investigación: "DDT/Polio: Virology versus Toxicology", sobre el origen tóxico de la polio contradiciendo la teoría de que la provocan virus, y "Prenaltal Ultrasound: a new bibliography", en el que expone las evidencias del grave daño que los ultrasonidos pueden causar en las ecografías prenatales.

Sus trabajos cuestionando la virología se han publicado y citado en revistas como The Ecologist, Nexus Magazine, Townsend Letter for Doctors and Patients, Greenmedinf y Weston A. Price Foundation Journal, y utilizado en varios libros de medicina importantes.

Miembro de Toastmasters, club de oradores, y de NoSpray Coalition, entidad de activismo ambiental, es además miembro del consejo asesor de Discovery Dsalud.

P.: pregunta.
R.: respuesta.

P. Nos consta que usted conoce bien la estructura y funcionamiento de la OMS. ¿Diría que está aún hoy al servicio de la ciudadanía?.

R. En absoluto. Se dedica a crear escenarios que impidan a las personas ver los problemas de salud reales y cómo afrontarlos con sencillez y sin fármacos. Escenarios como el de las supuestas infecciones víricas.

Si ni siquiera están demostradas las anteriores, ¿por qué se admite otra supuesta infección por un "nuevo" coronavirus?. Yo he denunciado y demostrado que la poliomielitis es de origen tóxico y no vírico. Como no se deben a virus los supuestos rebrotes de sarampión recientes.

En cuanto al virus bautizado como SARS-CoV-2, el prestigioso Grupo de Perth ya ha explicado que su aislamiento no se ha demostrado y así lo afirma también el conocido virólogo alemán Stefan Lanka que desde hace años disiente de las verdades oficiales de la virología.

P. ¿Realmente puede demostrarse que la mayoría, si no todas, de las infecciones consideradas microbianas tienen otras causas?.

R. Ciertamente. Los síntomas de la poliomielitis los causan venenos industriales como el DDT, el BHC, el arsénico y los compuestos de plomo. Los que se achacaron al zika parecen deberse a un novedoso programa de ultrasonidos prenatal.

Las epidemias de sarampión de 2.018 y 2.019 se dieron en zonas donde se instalaron nuevas plantas de energía eléctrica ubicadas sobre tierra altamente contaminada por residuos industriales.

Y no son más que simples ejemplos. Achacar asuntos como esos a virus es sencillo y cómodo. La gente lo acepta sin rechistar.

> **LA OMS SE DEDICA A CREAR ESCENARIOS QUE IMPIDAN A LAS PERSONAS VER LOS PROBLEMAS DE SALUD REALES Y CÓMO AFRONTARLOS CON SENCILLEZ Y SIN FÁRMACOS. ESCENARIOS COMO EL DE LAS SUPUESTAS INFECCIONES VÍRICAS.**
>
> **ACHACAR LA MAYORÍA DE ASUNTOS AL COVID-19 ES SENCILLO Y CÓMODO, PORQUE LA GENTE LO ACEPTA SIN RECHISTAR.**
>
> **NI EL CONFINAMIENTO DE LA POBLACIÓN NI EL USO DE MASCARILLAS TIENEN SENTIDO; NI SIQUIERA SI UN DÍA SE DEMOSTRASE QUE EL SARS-CoV-2 (COVID-19) EXISTE.**

P. ¿Los "brotes de sarampión" a los que se refiere son los que hubo esos dos años principalmente en Nueva York y otras ciudades industrializadas?.

R. En Nueva York y en áreas industriales imortantes. En las mismas zonas de hecho en las que se están produciendo los actuales casos de covid-19. Son áreas de gran contaminación del aire a causa de las refinerías de petróleo y otras industrias.

Hablamos de un círculo vicioso de contaminación aire-tierra que provoca enfermedades continuamente: resfriados, gripes, cáncer...

Es simple: cuando el nivel de contaminación se eleva y el número de enfermos graves aumenta se achaca rápidamente a una "epidemia" microbiana, generalmente vírica.

Y cuando hablo de contaminación ambiental aérea incluyo las perniciosas radiaciones electromagnéticas de las centrales eléctricas, los transformadores, las líneas de alta tensión, las antenas repetidoras, los teléfonos móviles, los radares o los equipos electrónicos de los dormitorios.

Pero también las estufas mal ventiladas, las calderas de carbón, los solventes usados en la construcción, los productos químicos tóxicos, los fármacos y un largo etcétera.

A la gente sin embargo se la ha enseñado a creer que nada de eso tiene importancia real y que los problemas los causan casi siempre virus muy dañinos cuando no es así.

La llamada navaja de Occam, regla básica de investigación, indica que normalmente la explicación más simple suele ser la verdadera. Por eso busco siempre razones simples y pragmáticas.

Es curioso pero la palabra latina "virus" significaba inicialmente "veneno".

P. Usted incluso ha vinculado el covid-19 con el efecto fracking. ¿Por qué?.

R. Cuando estudié 34 epicentros de la presunta covid-19 correlacioné rápidamente su mortalidad con desechos tóxicos de la refinería de petróleo como el cianuro de hidrógeno.

Hablamos de un subproducto enormemente tóxico emitido por el petróleo procesado en las unidades de "craking" o "craqueo" molecular de las refinerías.

El petróleo fracturado proviene de pozos de facturación denominados "fracking" en los que las rocas de esquisto a grandes profundidades se procesan con explosiones, calor y productos químicos para extraerlo y luego enviarlo a las refinerías.

El petróleo fracturado tiene más nitrógeno y por tanto hay mayores emisiones de cianuro en las refinerías. Los grandes medios de comunicación aludieron a la alta contaminación existente en los focos de la epidemia, pero pronto se olvidaron de ello para hablar exclusivamente del SARS-CoV-2.

Ha decidido obviarse que los síntomas de las personas catalogadas como afectas de covid-19 coinciden con los que provoca una contaminación por cianuro.

P. ¿Y qué papel jugaría a su juicio la tecnología 5G?.

R. Cualquier radiación electromagnética contribuye como factor estresante a la mayoría de las enfermedades, incluyendo por supuesto al covid-19. Estrés electromagnético que puede ser grave y mortal.

P. Si tiene usted razón el confinamiento de la población y el uso de mascarillas carecería de sentido.

R. Es que ambas medidas carecen de sentido; incluso si un día se demostrase la existencia de ese virus...

Otra flagrante prueba de la falsa pandemia es la que ofrece la Cadena Ser, la radio española generalista pionera y quizás la más escuchada en España.

En su versión digital **destapa que existe un 98% de falsos positivos y 3,5 millones de coste en el test de Torrejón de Ardoz**, según el PSOE. Informa que tras analizar las facturas, el PSOE de Torrejón de Ardoz sostiene que el gobierno torrejonero adquirió los test serológicos a más del doble del precio al que los comercializan otros distribuidores.

Aseguran que a la ciudad el estudio le costó un millón de euros más de lo que dijo, en su día, el alcalde Ignacio Vázquez, y señala que la fiabilidad en positivos por IgM fue de apenas el 1,8%.

Entrando en más detalle comenta que el test masivo de covid-19 en Torrejón de Ardoz costó **un millón de euros más** que lo dicho por el gobierno municipal, en total, **3,5 millones** de euros.

Según sostiene desde la oposición el **Partido Socialista** tras revisar en las últimas semanas las facturas y decretos de Alcaldía con los que se dio soporte económico al estudio de seroprevalencia que el ayuntamiento torrejonero organizó junto a la empresa **Ribera Salud** a principios del pasado mes de Junio (2.020).

Entre los datos que más destacan en el análisis elaborado por los socialistas se encuentra, además de la cifra total que supera

en un millón de euros al coste avanzado por el gobierno de la localidad, la **fiabilidad** de los test utilizados.

Según el PSOE, el Ayuntamiento de Torrejón de Ardoz compró 150.000 test rápidos del estudio serológico a una **empresa de ginecología y reproducción** a "**más del doble del precio** al que lo comercializan varios distribuidores en España".

Y dichos test ofrecieron una fiabilidad en positivos por IgM de solo el **1,8%**, es decir, que reflejaron inicialmente un **98% de falsos positivos** que tuvieron que ser, después, descartados por PCR incrementando el coste del estudio en casi 800.000 euros.

Los socialistas suman, por otra parte, **110.000 euros en gastos de manutención** del personal aportado por Ribera Salud y gastos relacionados con el montaje y organización del estudio masivo en las carpas del Recinto Ferial.

Una cifra que**podría ser, aún, más elevada** puesto que todavía no se ha contabilizado "el gasto en personal por servicios especiales que **trabajadores municipales y Policía Local** ofrecieron durante los días en que se desarrolló el estudio".

HISTORIA DE CÓMO SE ORIGINÓ LA FALSA PANDEMIA.

¿Quienes están detrás?

Amado ser humano, si las añadidas entrevistas han sido magníficas, <u>el siguiente reportaje raya también a una gran altura</u>, ya que **desvela quiénes están detrás de la falsa pandemia.**

No podía ser firmado más que por Jesús García Blanca, el mismo investigador que nos presentó las entrevistas anteriormente citadas. Y **publicado igualmente en la misma revista de renombre Discovery Dsalud.**

Son tantas las decisiones disparatadas tomadas por la Organización mundial de la salud (OMS) a causa de su injustificada declaración de pandemia, con la aquiescencia cómplice de los gobiernos, que la sociedad tiene el derecho y la obligación de exigirle amplias explicaciones.

La opacidad de todo lo ocurrido es inaudita en una sociedad que presume de contar con la mayor cantidad de información de la historia.

En todo caso **el quid de la cuestión está en saber quiénes están detrás de ésta farsa**, por qué la han creado, cómo lo han conseguido, qué pretenden y cuál es el engranaje que la ha hecho posible.

Y es que **lo acaecido se debe a que la estructura que lo ha permitido lleva montándose desde hace décadas y está al servicio de grupos de poder que trabajan en la sombra.**

Se trata de un pequeño grupo no elegido por nadie que a través de numerosos organismos y personas, ha ido extendiendo sus tentáculos de forma constante y estudiada hasta abarcar todo el planeta y controlar ya en el ámbito de la salud, la inmensa mayoría de las instituciones sanitarias, públicas como privadas.

Tras haber impuesto un modelo médico y sanitario uniforme, industrializado, mecanicista, reduccionista, farmacológico y, en definitiva, deshumanizado.

<u>Hablamos de un poderoso entramado que ha logrado que los ciudadanos hayan entregado la responsabilidad sobre su salud y la de sus hijos a esa estructura de poder.</u>

Porque es la renuncia de la gente a informarse, formarse y decidir sobre su propia salud lo que ha permitido la actual catástrofe iatrogénica, de proporciones gigantescas, que vive la sociedad, ya que **casi todo lo que se propone es la ingesta (normalmente preventiva y paliativa que no curativa) de fármacos.**

Que **mantienen a las personas enfermas el máximo tiempo posible para que consuman constantemente productos. Cuantos más mejor.**

Es verdad que cada vez más personas son conscientes de lo que pasa y lo están denunciando, pero se trata aún de una minoría que constantemente ninguneada, reprimida, acallada, descalificada, injuriada o calumniada.

Hay un engranaje creador de la falsa pandemia que abarca tres ámbitos de poder: sanitario, mediático y educativo.

<u>El ministerio de sanidad mundial.</u>

Las piezas más imortantes del engranaje de poder en el área de la salud lo integran los estadounidenses Centros para el control de las enfermedades (CDC por las siglas de Centers for disease control).

Y la Organización mundial de la salud (OMS), que es formalmente la autoridad sanitaria internacional que se supone aprrta la garantía institucional de crediilidad y veracidad oficial.

<u>Y de ahí que la inmensa mayoría acepte sin rechistar lo que postula.</u>

Solo cabe agregar en cuanto a las epidemias se refiere que la voz cantante la lleva el Servicio de inteligencia de epidemias (EIS por las siglas de epidemic intelligence service).

El objetivo inicial por el que se creó la OMS era mejorar la salud en todo el planeta de manera natural y de hecho sus primeros pasos estuvieron destinados a difundir información sobre nutrición, pero ese periodo duró muy poco.

Apenas un decenio después, la industria farmacéutica comenzó su asalto a la institución transformándola prácticamente en lo contrario de lo que era, hasta el punto de crearse una comisión especial contra los micronutrientes e impedir que se usaran para prevenir y curar problemas de salud.

Se beneficiaba así al merado farmacológico que comenzó a entender su influencia hasta convertirse en lo que es ahora: una de las industrias más poderosas del mundo.

Pero antes de continuar, expliquemos algo importante: es necesario aprender a "traducir" el lengüaje lleno de eufemismos que etodas esas organizaciones despliegan en su propaganda y, en particular, en sus páginas web.

Cuando por ejemplo hablan de "desarrollo sostenible" en realidad se refieren a "negocio y explotación sin límite"; cuando hablan de "programas de salud" se trata de administrar vacunas y vender fármacos y equipamiento sanitario; cuando hablan de "acabar con el hambre" están planeando cómo extender sus organismos modificados genéticamente.

Cuando la Fundación Bill y Melinda Gates habla de "mejoras en la salud" básicamente quiere imponer vacunas aunque no lo diga abiertamente. Y así sucesivamente...

Fue en 1.974 cuando la OMS dio los primeros pasos para convertirse en una especie de "ministerio de sanidad mundial", haciendo suyas las recomendaciones del Informe Flexner contra las terapias naturales y lanzando un ambicioso programa en el año 2.000 llamado "Salud para todos".

Nueve años después, en 1.983, la OMS proponía ya un programa ampliado de vacunación (PAV) cuyo objetivo era inocular vacunas a todos los niños del mundo contra 6 enfermedades.

Un año después se sumaría a esa propuesta unicef, el banco mundial, el programa de las naciones unidas para el desarrollo y la Fundación Rockefeller.

Cinco años después, en 1.988, al entonces director general de la OMS, Halfdan Mahler, se le ocurriría sin embargo impulsar un programa de medicamentos esenciales para países pobres , y eso molestó tanto a la gran industria que le presionaron para que renunciase.

Designaron para sustituirle a Hiroshi Nakajima, quien había sido director de investigación de la multinacional farmacéutica Hoffmann-La Roche.

Al año siguiente (1.989), la ONU aprobaría la Convención de los Derechos del niño, iniciativa aparentemente loable, si no fuera porque en la práctica para lo que sirvió básicamente fue para imponer vacunas infantiles y otros tratamientos.

Pues bien, toda esa estrategia sería organizada por la Fundación Rockefeller, hasta el año 2.000 que es cuando tomaría el relevo la Fundación Bill y Melinda Gates al lograr superarla con creces en poder e influencia.

> **LAS PIEZAS MÁS IMPORTANTES DEL ENGRANAJE DE PODER EN EL ÁREA DE LA SALUD MUNDIAL LO INTEGRAN LOS ESTADOUNIDENSESCENTROS PARA EL CONTROL DE LAS ENFERMEDADES Y LA OMS, JUNTO CON EL SERVICIO DE INTELIGENCIA DE EPIDEMIAS.**
>
> **APENAS 10 AÑOS DESPUÉS DE CREARSE LA OMS FUE "ASALTADA" POR LA INDUSTRIA FARMACÉUTICA QUE CAMBIÓ SU OBJETIVO DE APOSTAR POR LA SALUD NATURAL Y LA CONVIRTIÓ EN PIEZA VITAL DE LA MEDICALIZACIÓN DE LA SOCIEDAD.**
>
> **LA OMS FUE CONTROLADA POR LA FUNDACIÓN ROCKEFELLER HASTA EL 2.000 Y A PARTIR DE AHÍ TOMARÍA EL RELEVO LA FUNDACIÓN BILL Y MELINDA GATES, AL SUPERARLA EN PODER E INFLUENCIA.**

Amado ser humano. Debido al amplísimo contenido que resta, con todo el lujo de detalles que quiero transmitirte, de ésta HISTORIA DE CÓMO SE ORIGINÓ LA FALSA PANDEMIA **y quienes están detrás,** no dispongo del espacio suficiente en ésta obra para continuar con la misma.

Por ello me he visto obligado a escribir una siguiente obra. En ella, junto al resto de toda ésta HISTORIA DE CÓMO SE ORIGINÓ LA FALSA PANDEMIA **y quienes están detrás, te daré a conocer grandes conclusiones.**

Asombrosas REVELACIONES y SEÑALES que evidencian la superación de la falsa pandemia y del DESPERTAR HUMANO.

Así como de una **NUEVA HUMANIDAD** llena de LUZ que se está abriendo paso.

Te espero en las apasionantes páginas de la <u>segunda parte de</u> **"TÚ SUPERAS TUS MIEDOS"**.

¡Y como hemos visto, toma ACCIÓN y consíguelo AHORA en: www.franciscomvega.com!

"TE AMO, FRANCISCO MIGUEL VEGA CASTELLANO"

¡¡¡Infinitas felicidades por haber llegado al final e infinitas gracias por haberme acompañado!!!

¡¡¡Te deseo INFINITOS ÉXITOS EN TU VIDA!!!

¡¡¡TE AMO!!!

FRANCISCO MIGUEL
VEGA CASTELLANO.

Si te gustó este libro y piensas que igualmente puede ayudar e inspirar a más seres humanos,

¿COLABORAS CONMIGO A DIFUNDIRLO?

Caso afirmativo te voy a sugerir algunas ideas:

Piensa en familiares, amigos, compañeros, etc. a quien tu comentario podría ayudar en este momento de sus vidas y coméntales ahora.

¿Conoces grupos a los que les vendría bien que les presentara el libro o impartiera conferencias?.

¿Sabes de algún blog o web donde se pudiera hablar del libro?.

¿Posibilidad de que me entrevistaran para aportar valor a seguidores o audiencia?.

¿Tendrías la posibilidad de comunicarle a librerías sobre el libro?.

¿Podrías compartir algún post, testimonio o una foto tuya con el libro entre tus redes sociales?.

Éstas son mis redes sociales y formas de contactarme:

web: www.franciscomvega.com
email: franciscomvega@franciscomvega.com
Youtube: Francisco Miguel Vega Castellano
Facebook: Francisco Miguel Vega Castellano (perfil y página)
Instagram: franciscomvegacastellano
whatsapp: 658234019

¡¡¡SOMOS BENDECIDOS PARA BENDECIR!!!

¡¡¡INFINITAS GRACIAS Y BENDICIONES!!!

¡¡¡TE AMO,,, FRANCISCO MIGUEL VEGA CASTELLANO!!!

Te amo

Te amo